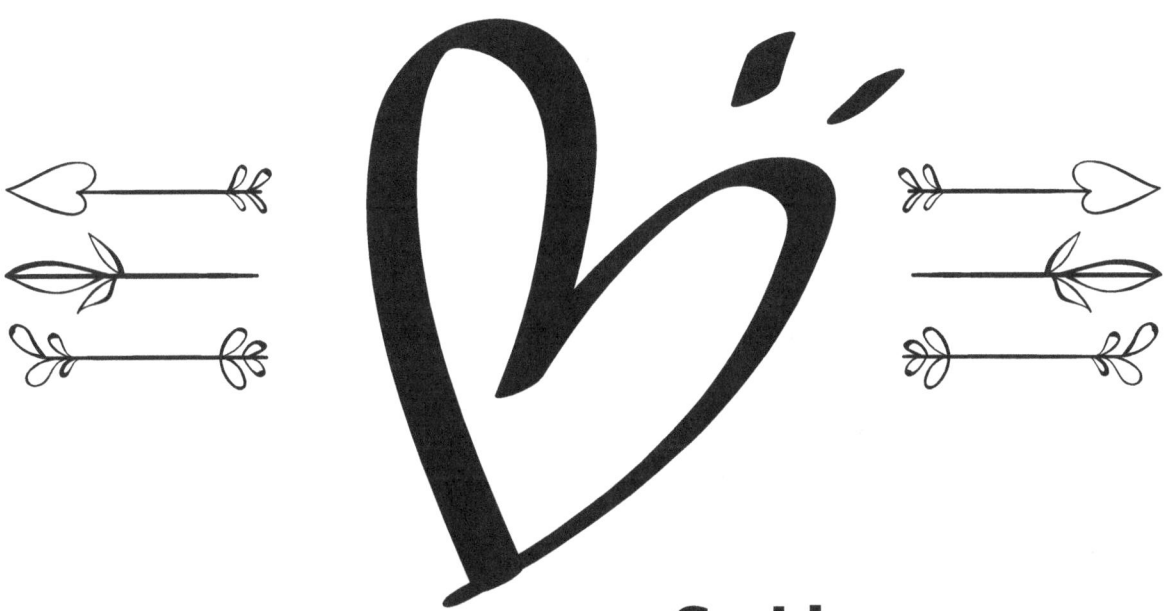

Ce Livre

Appartient à

Couleur Ce Flamant

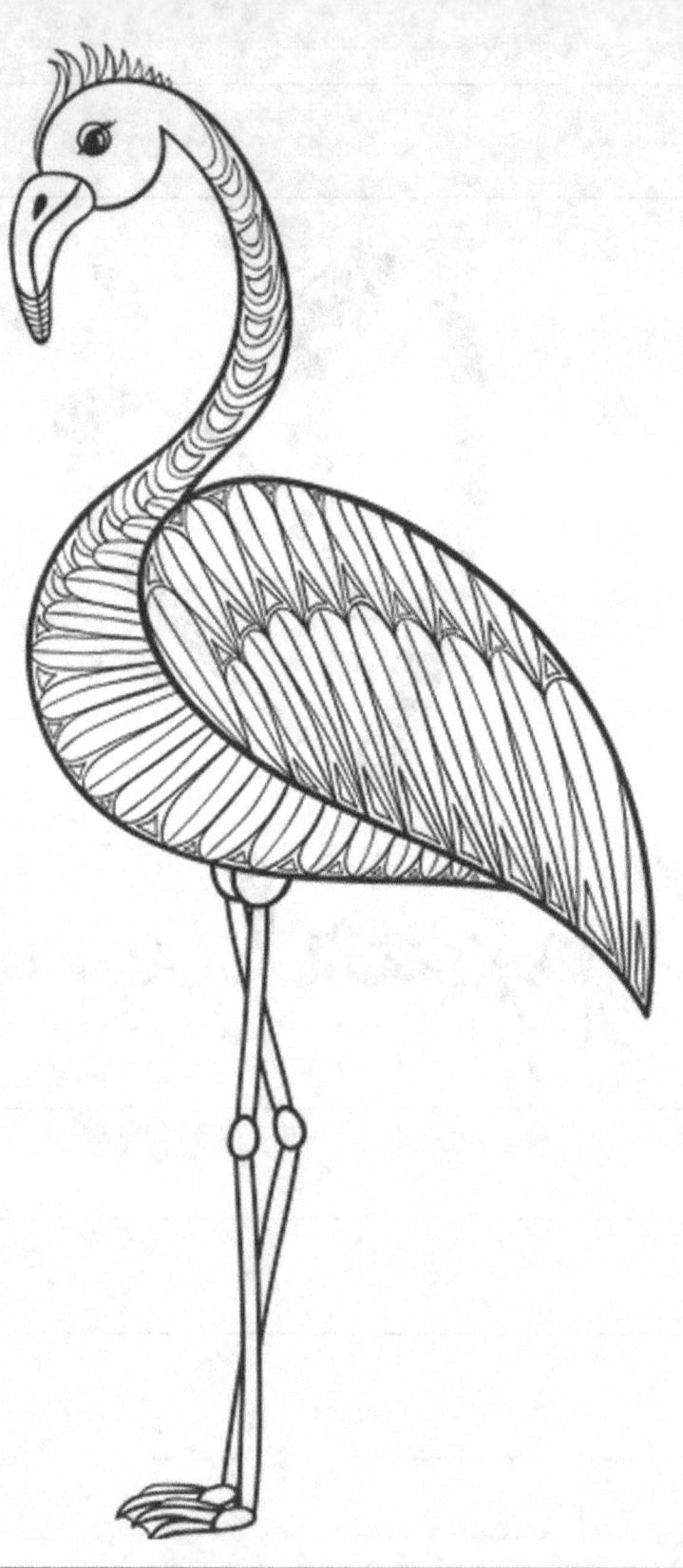

Couleur Ce Flamant

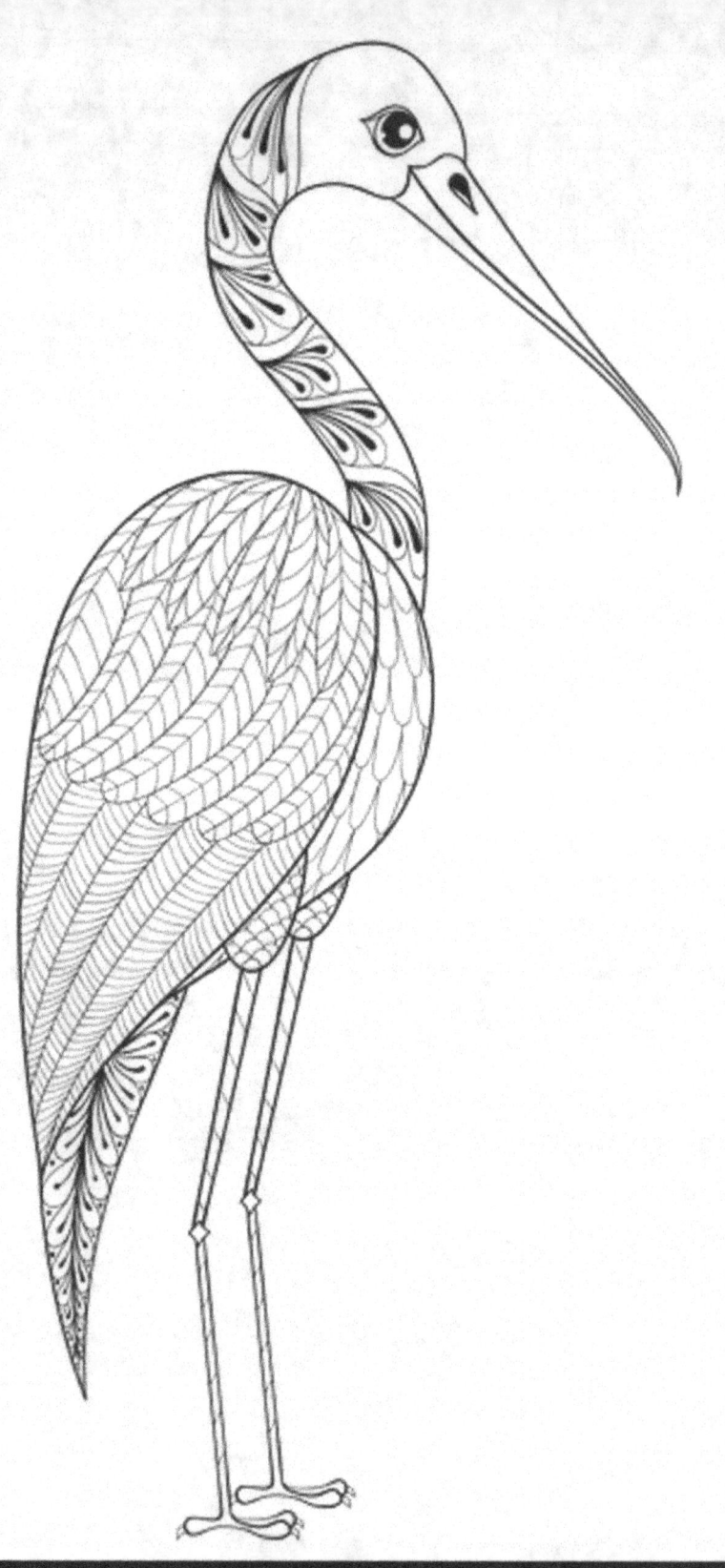

Couleur Ce Flamant

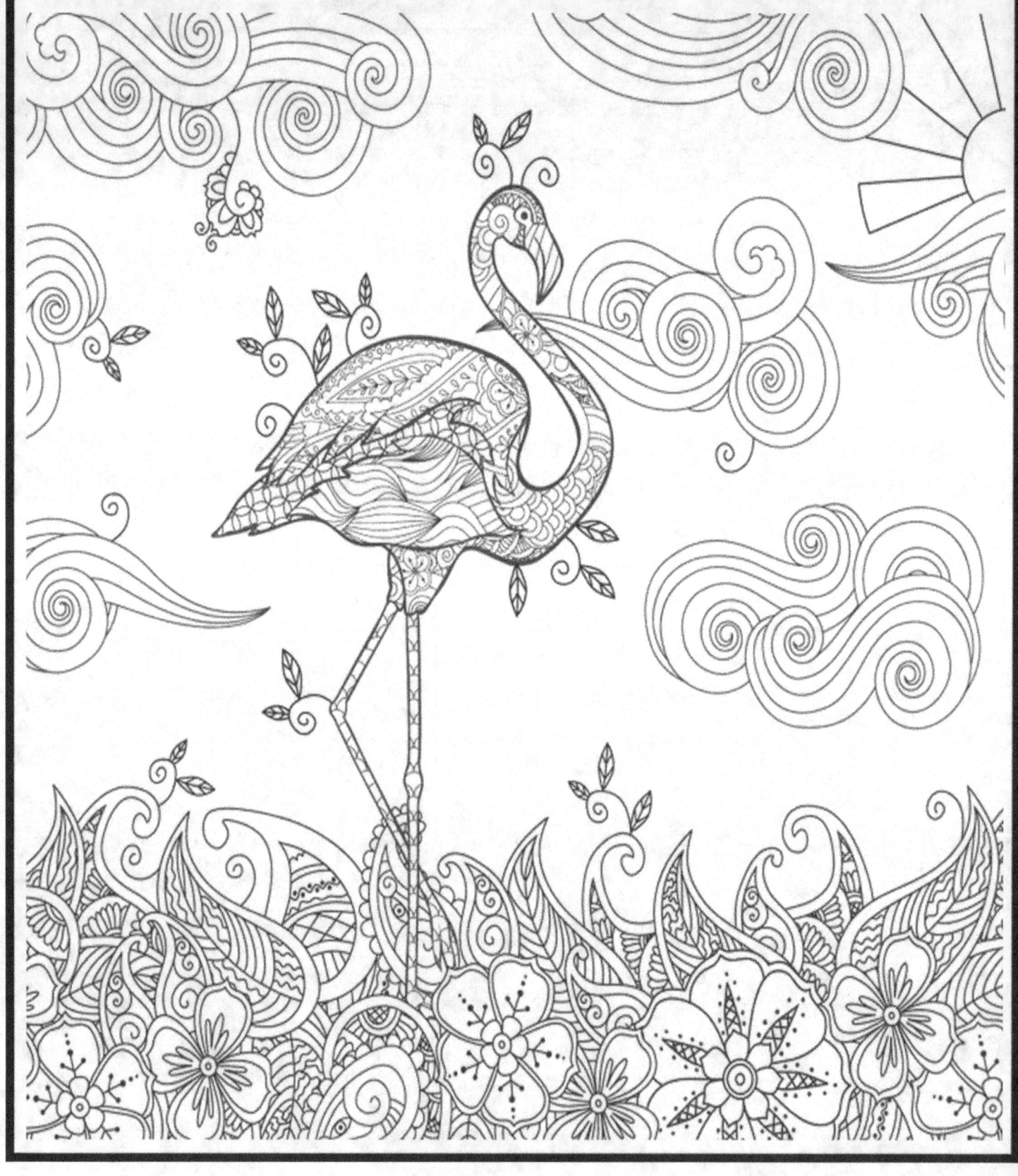

Couleur Ce Flamant

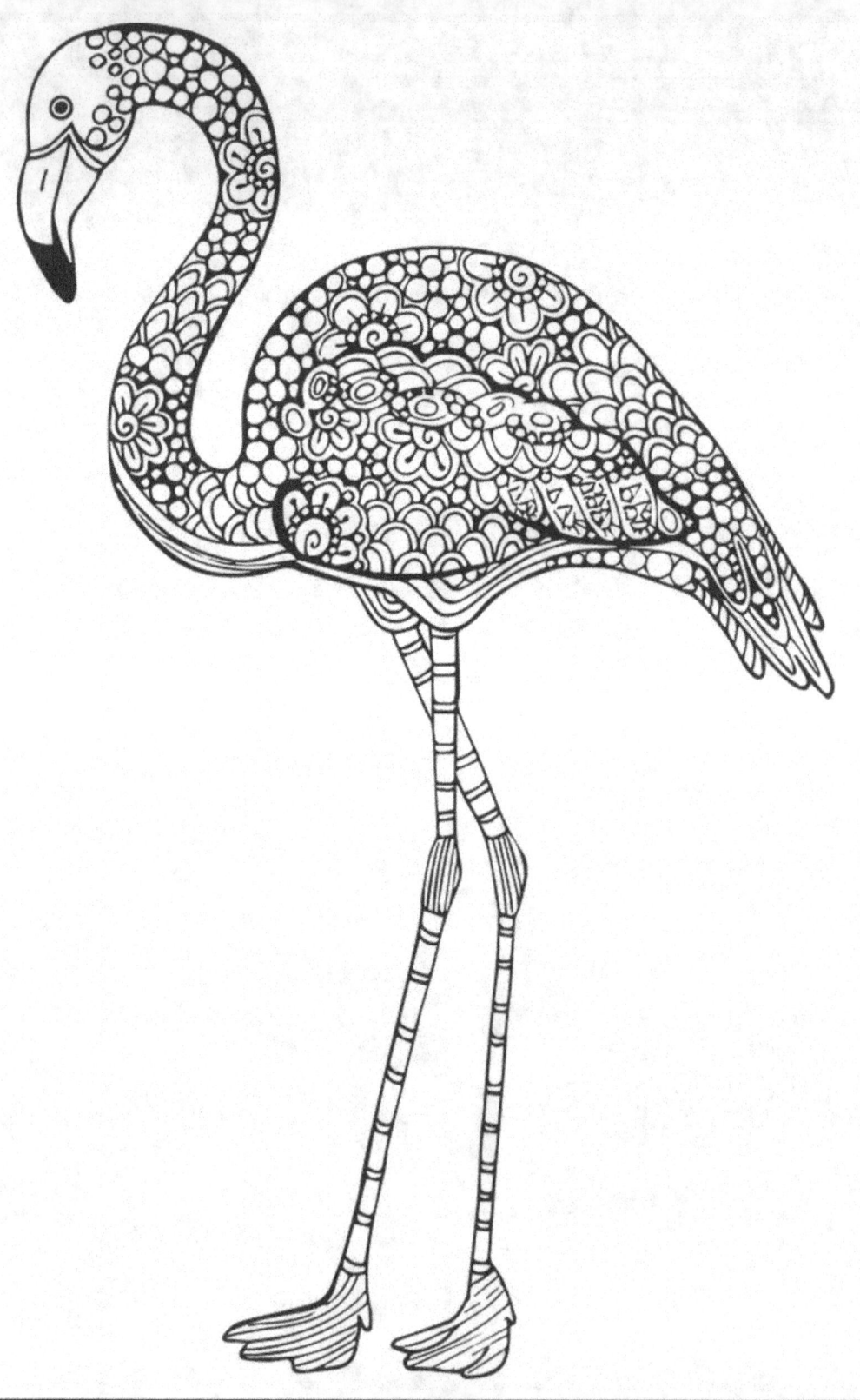

Couleur Ce Flamant

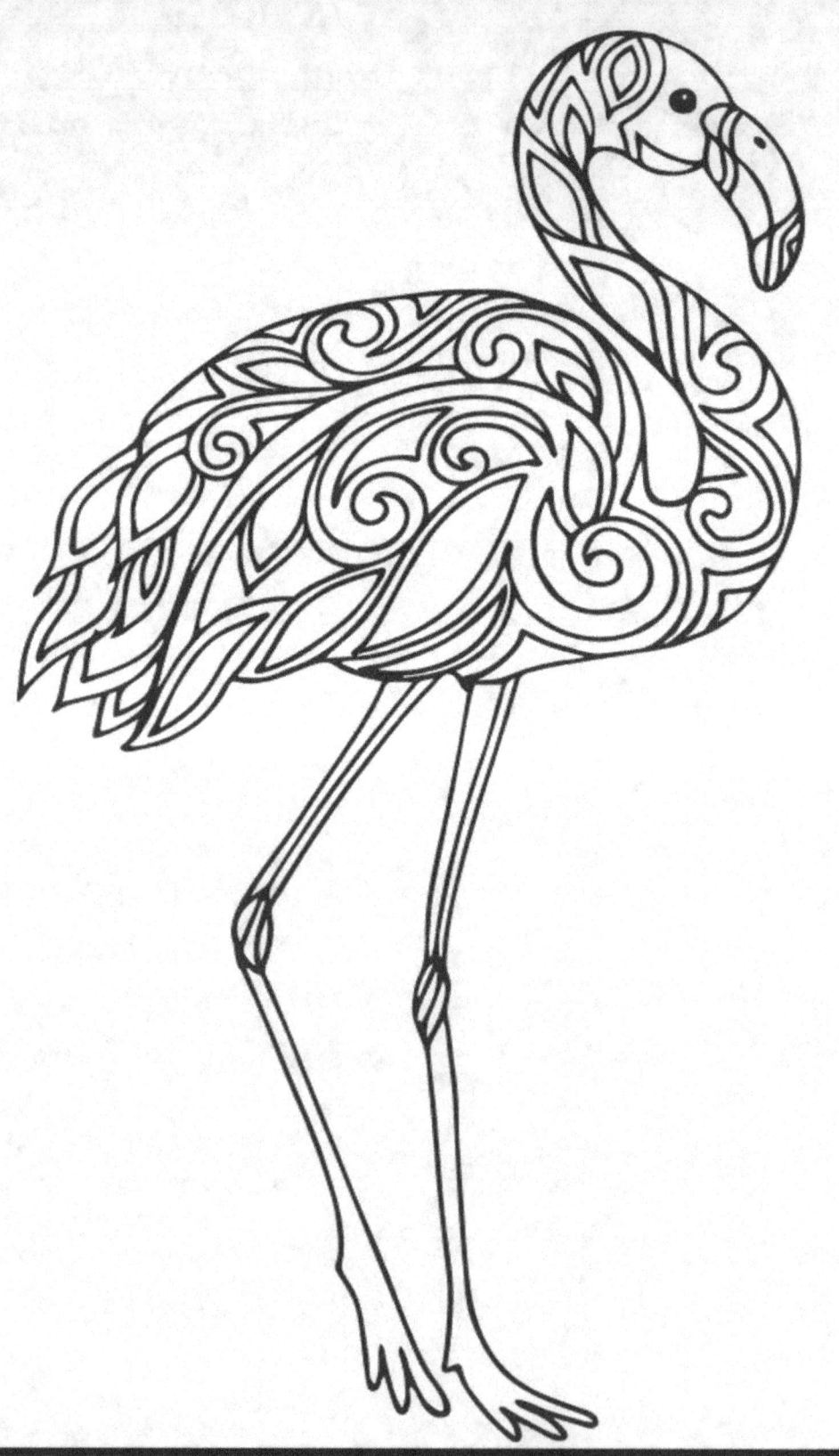

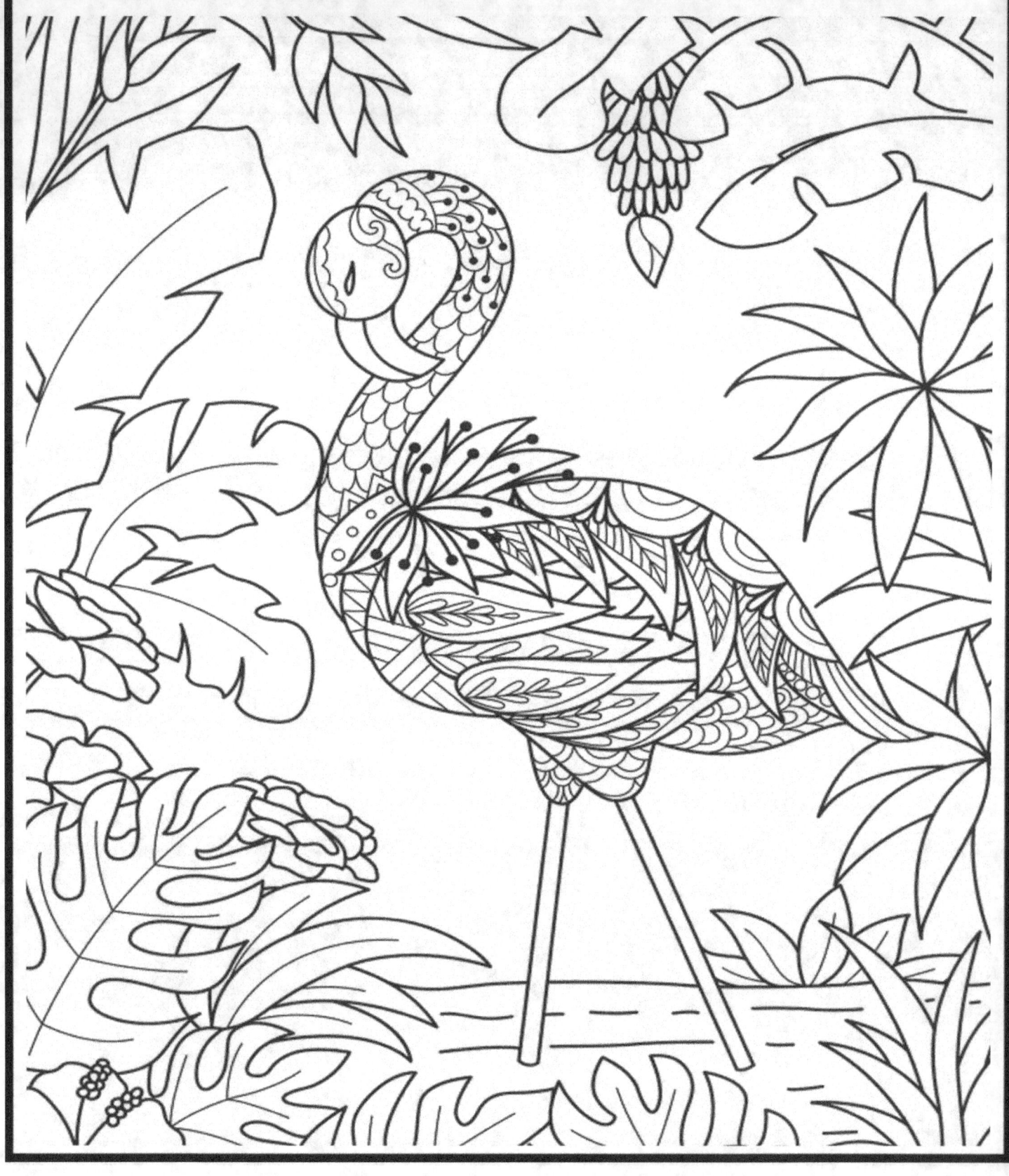

Couleur Ce Flamant

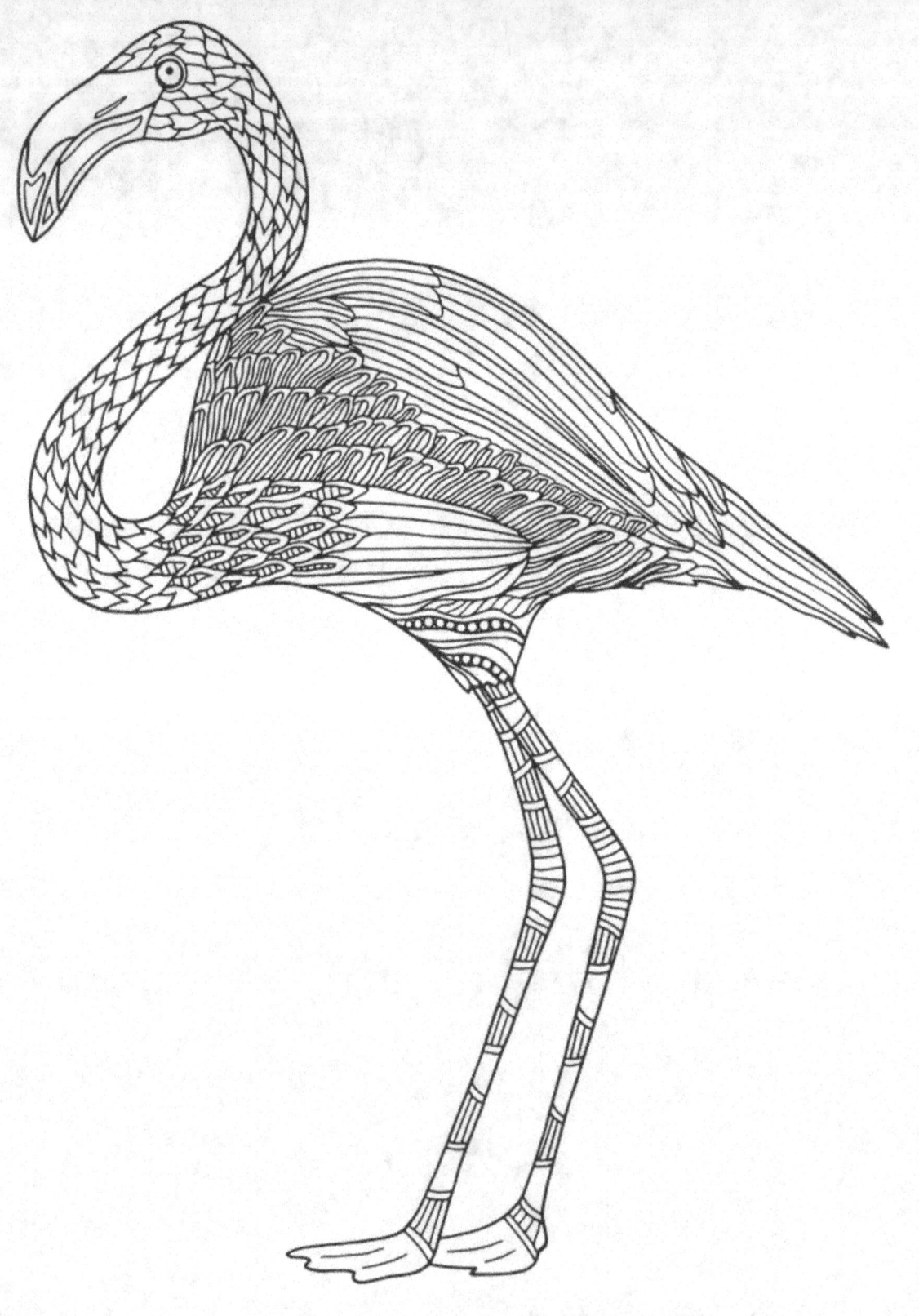

Couleur Ce Flamant

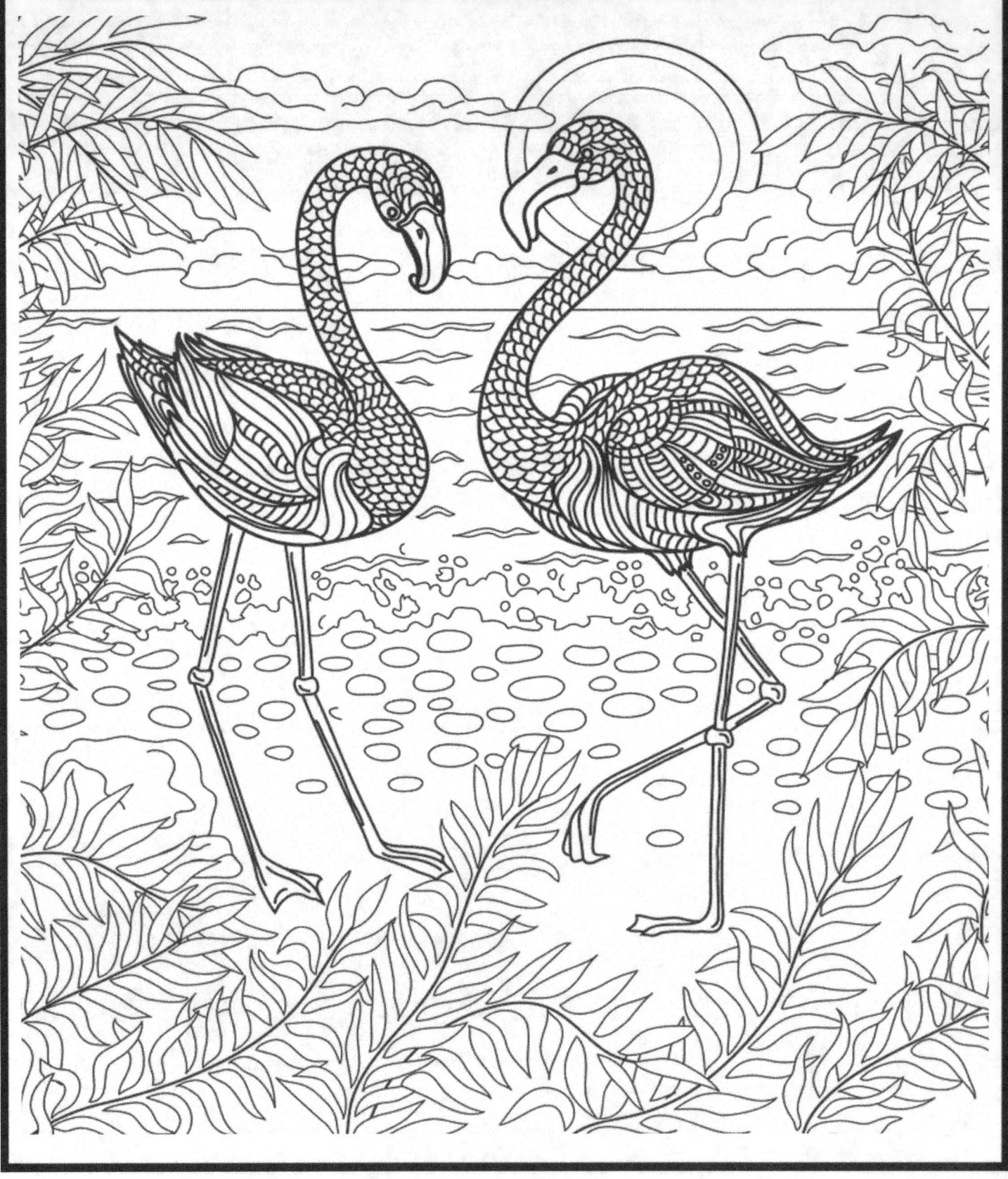

Couleur Ce Flamant

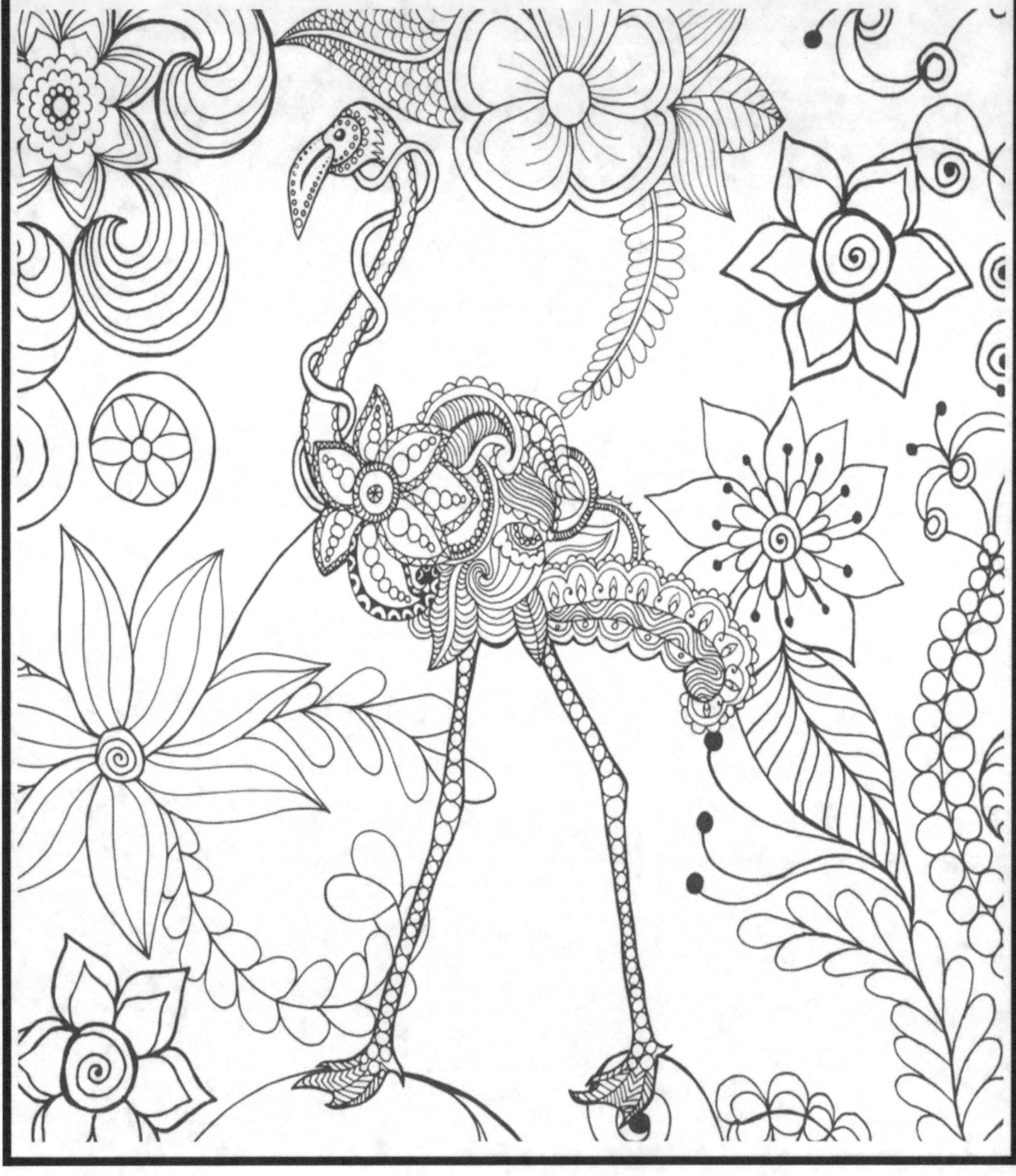

Couleur Ce Flamant

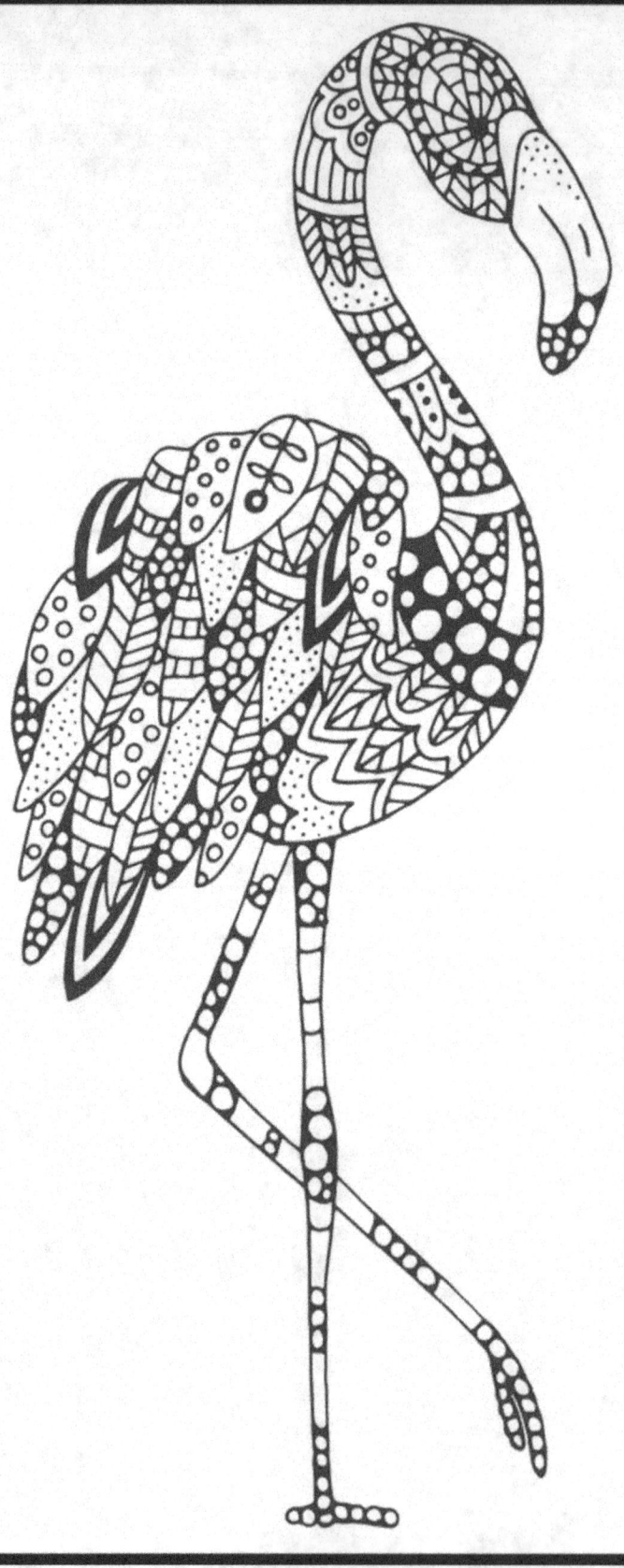

Couleur Ce Flamant

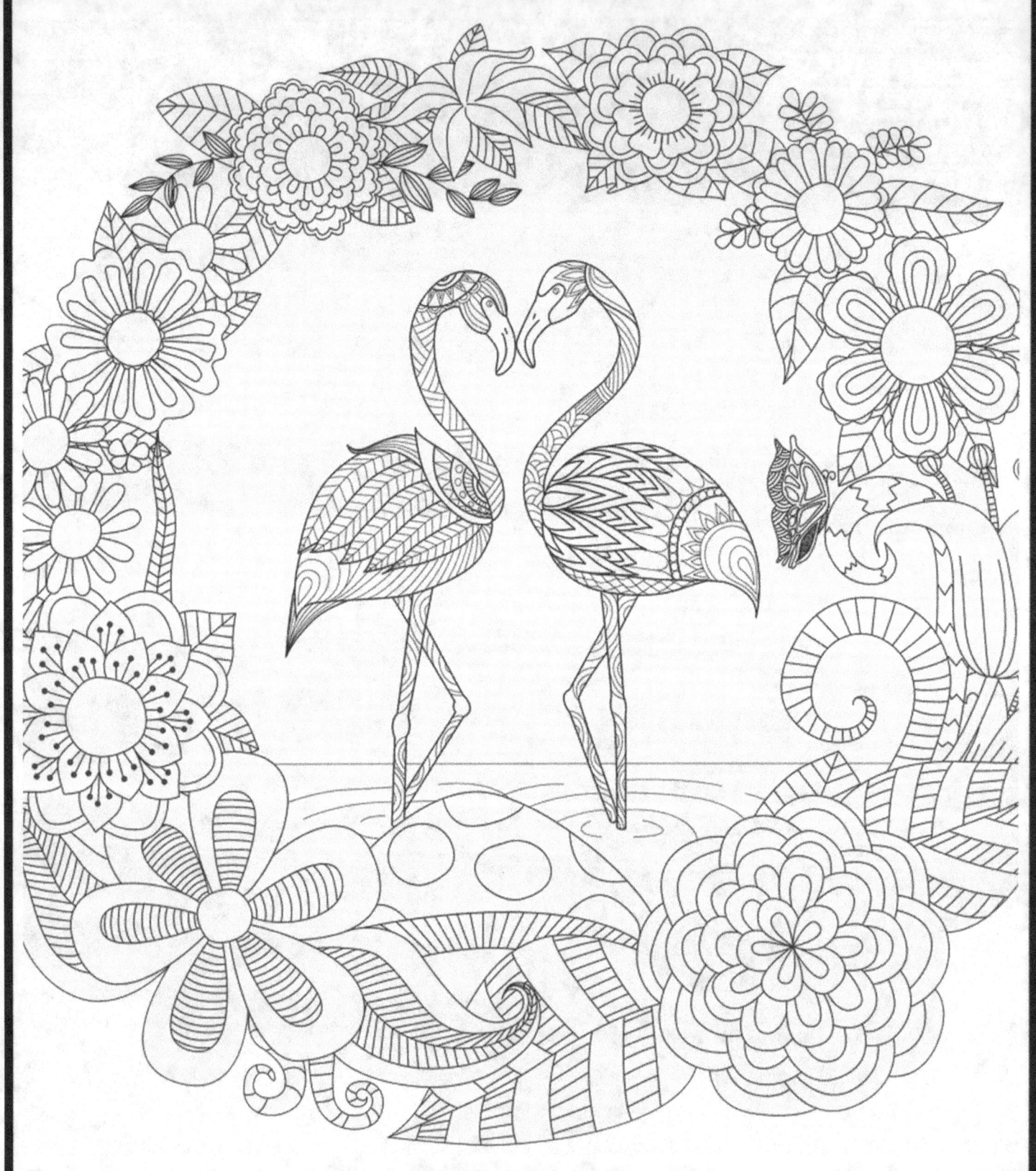

Couleur Ce Flamant

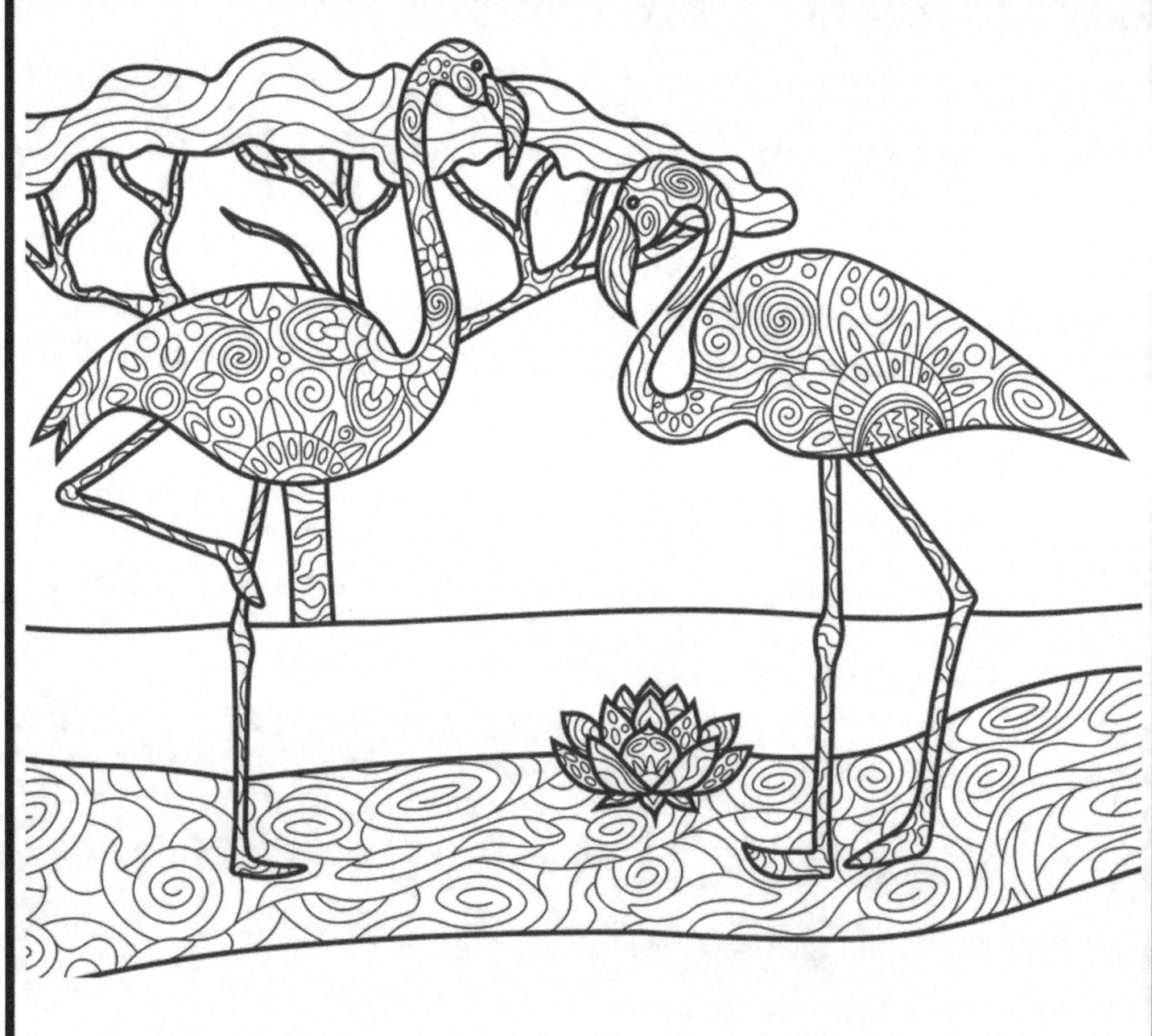

Couleur Ce Flamant

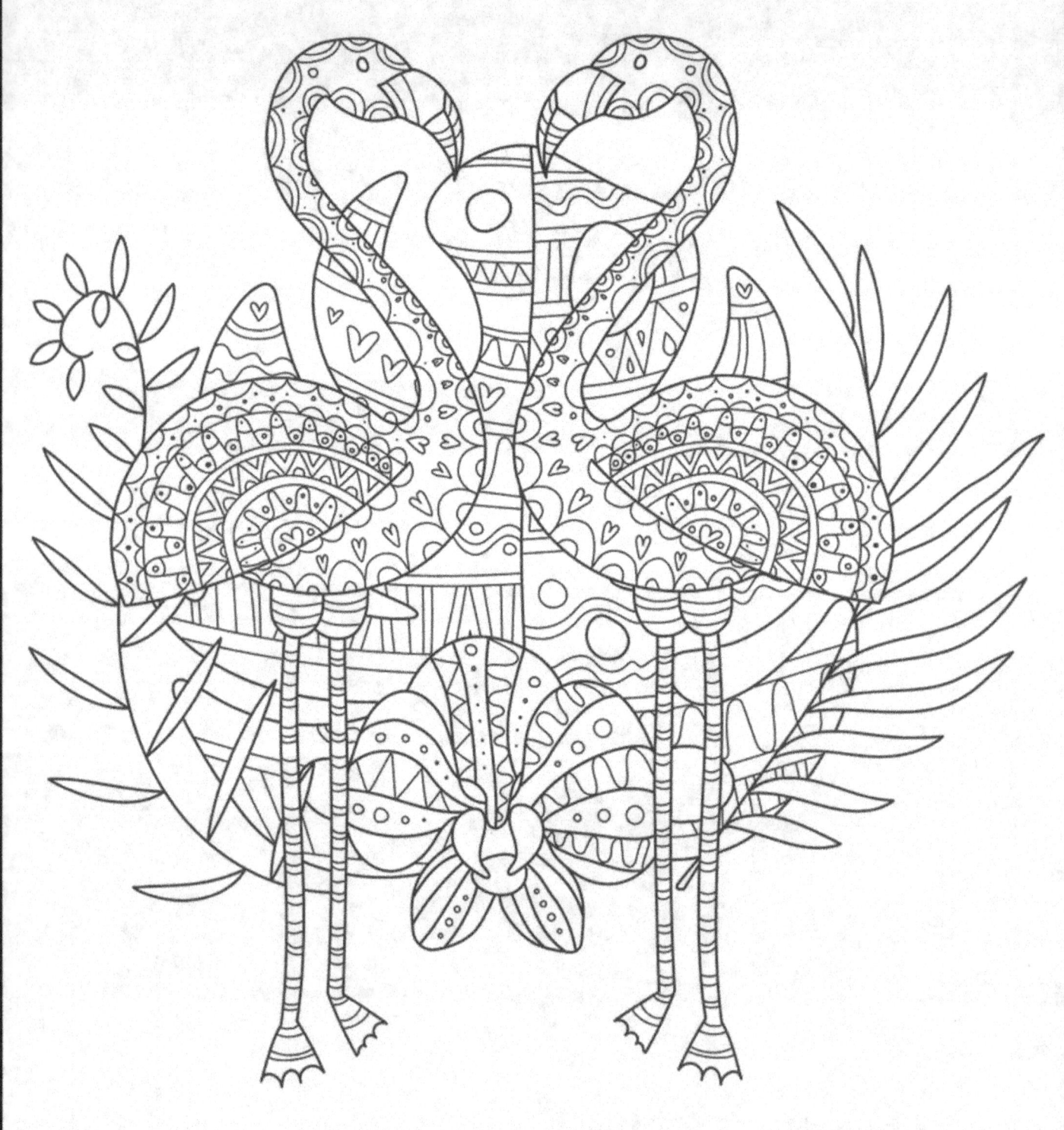

Couleur Ce Flamant

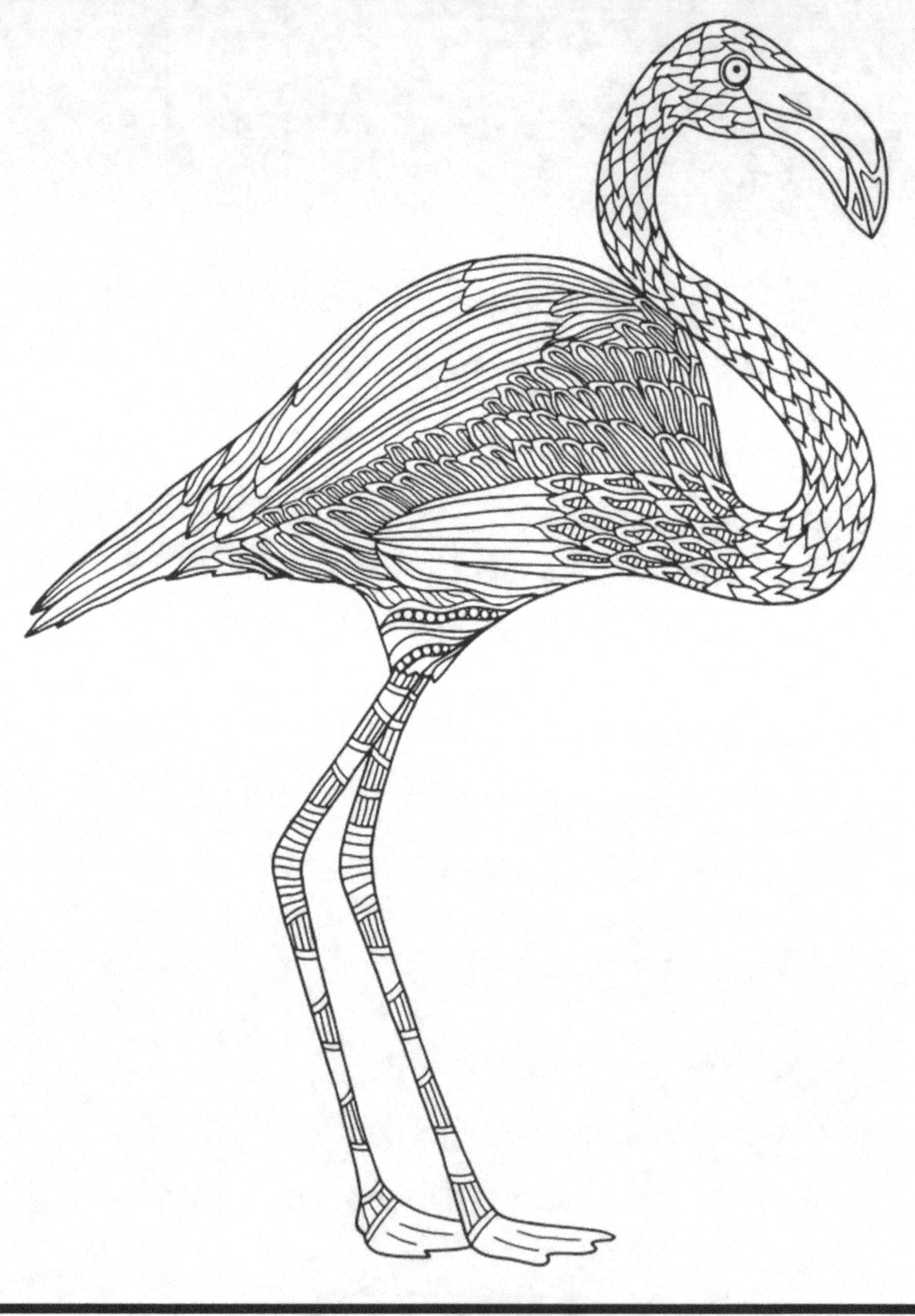

Couleur Ce Flamant

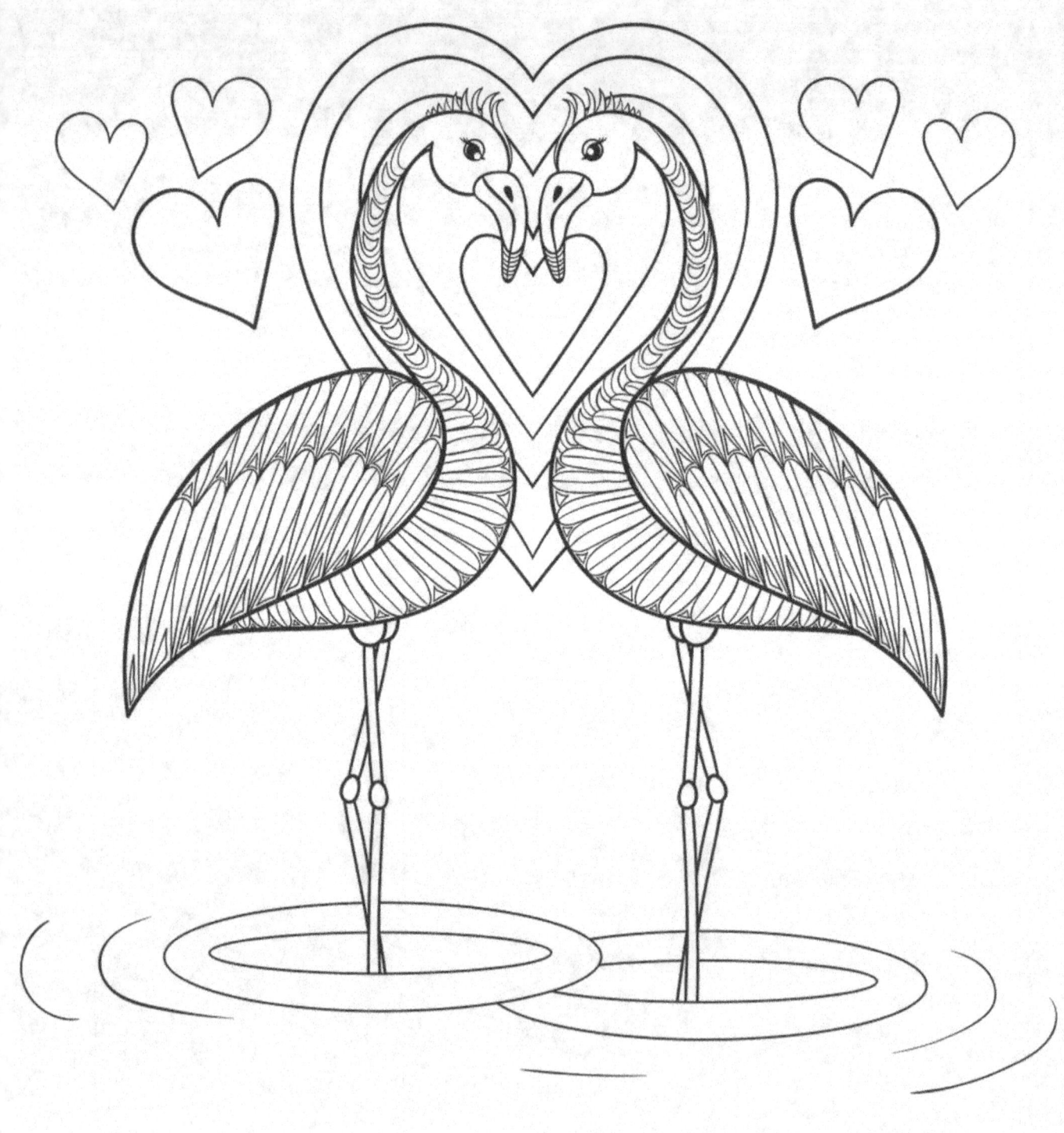

Couleur Ce Flamant

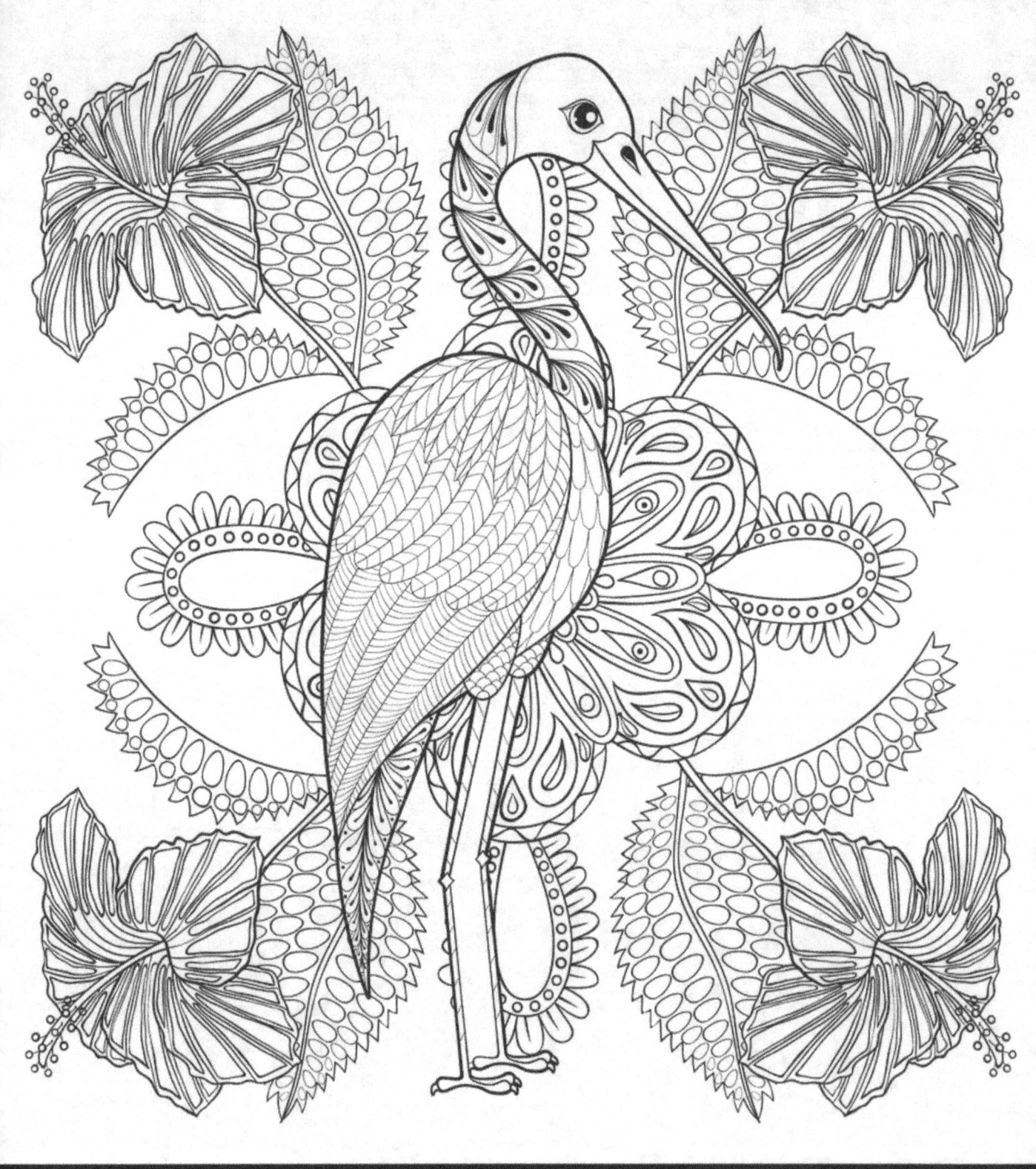

Couleur Ce Flamant

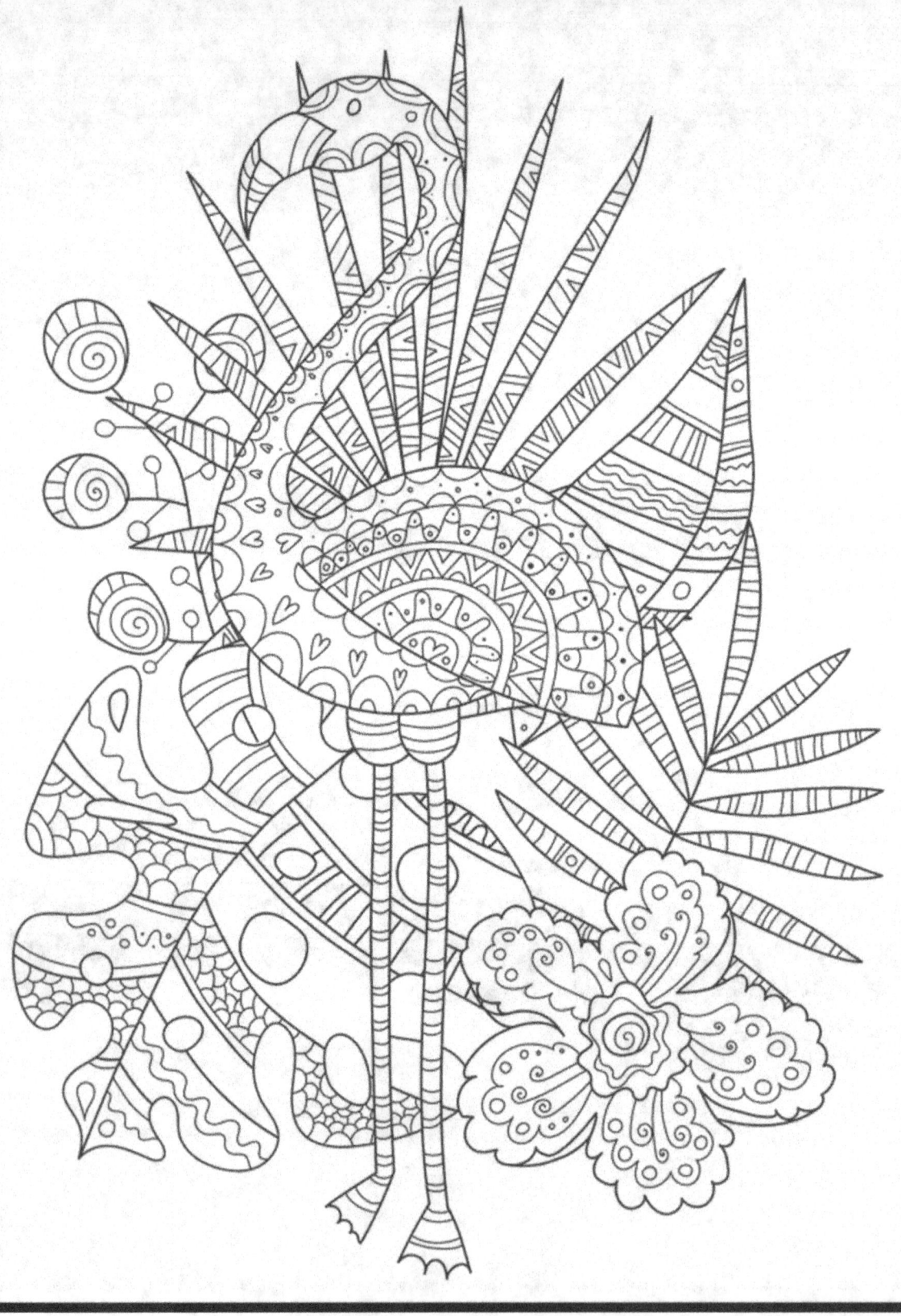

Couleur Ce Flamant

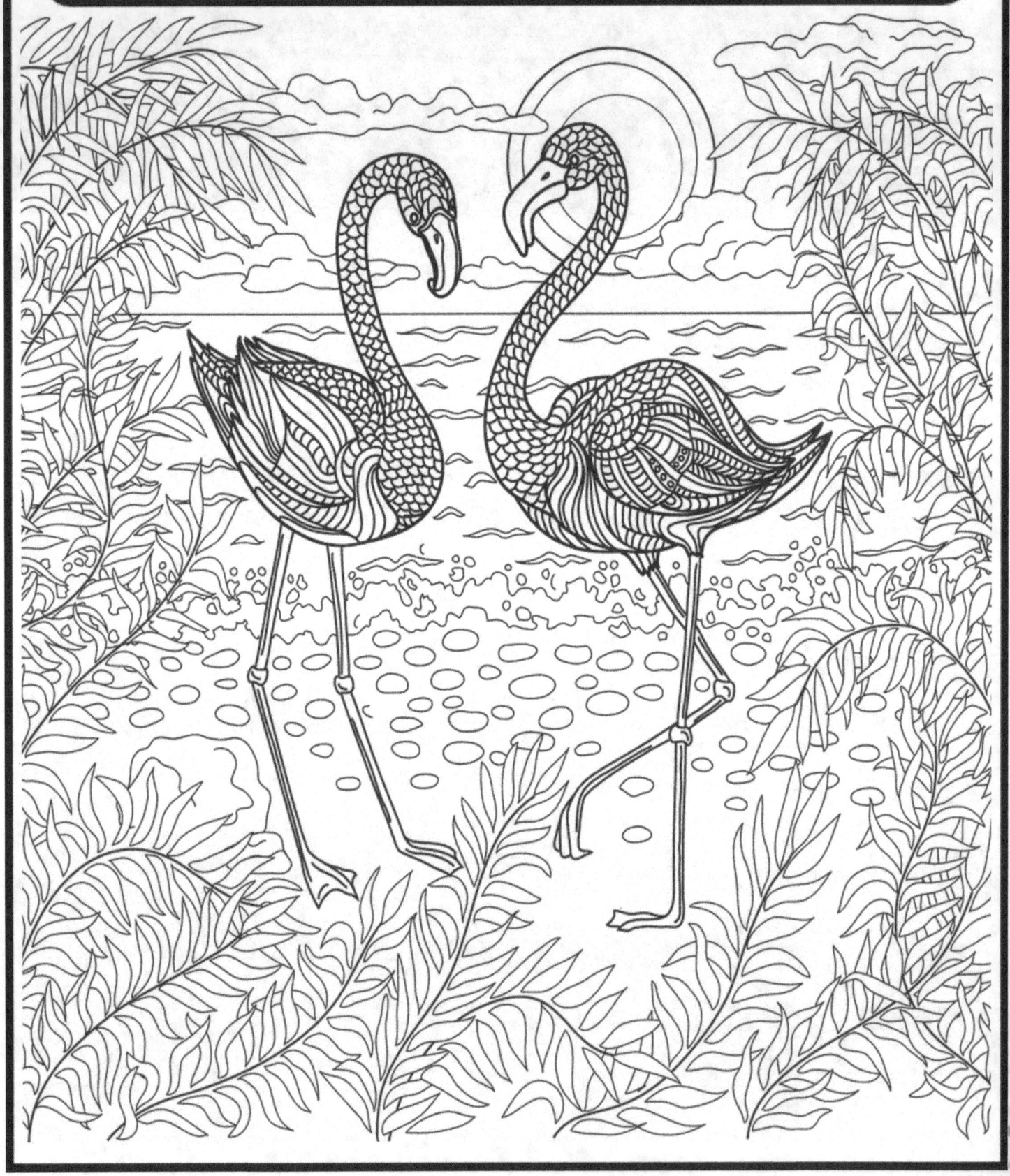

Couleur Ce Flamant

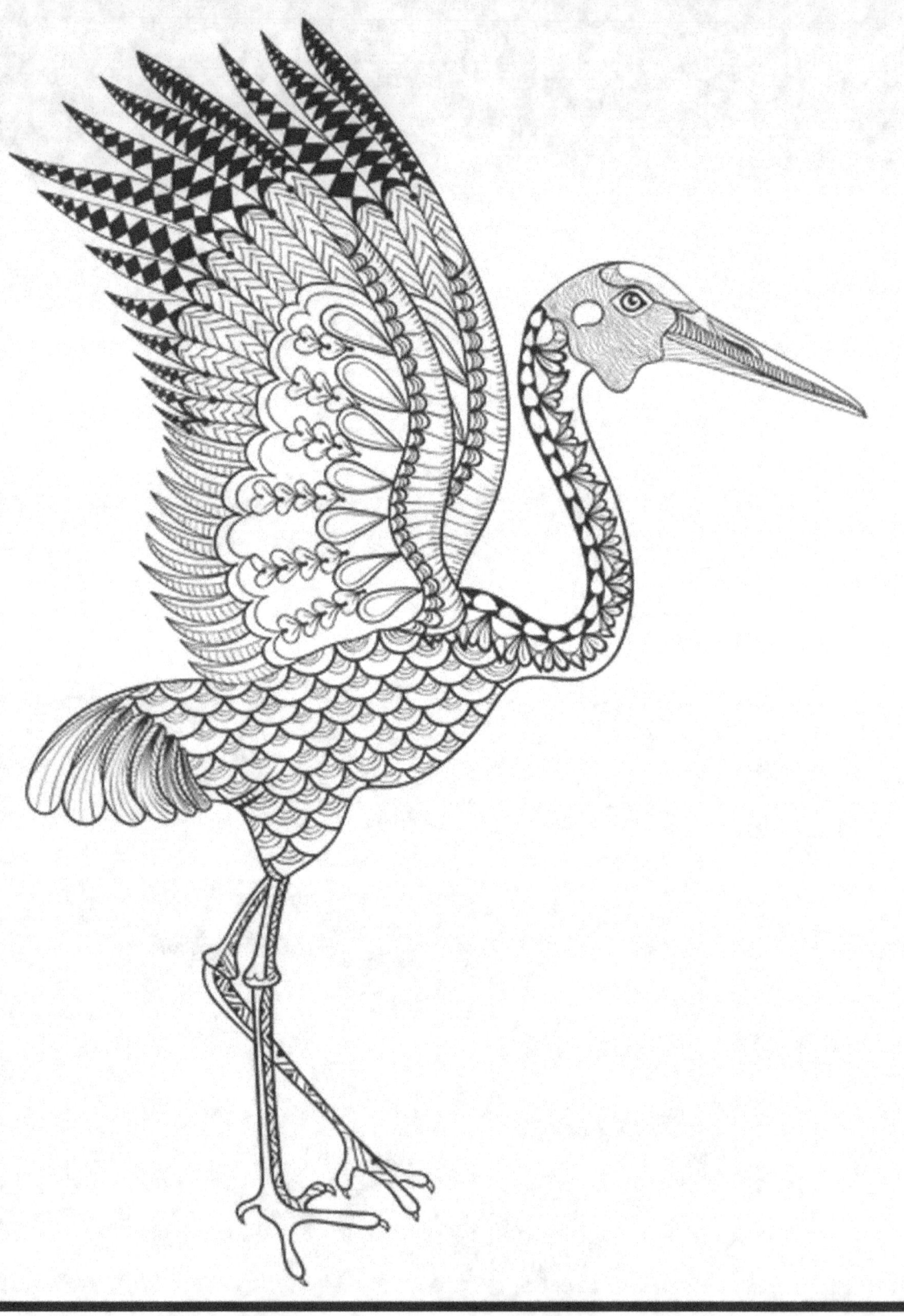

Couleur Ce Flamant

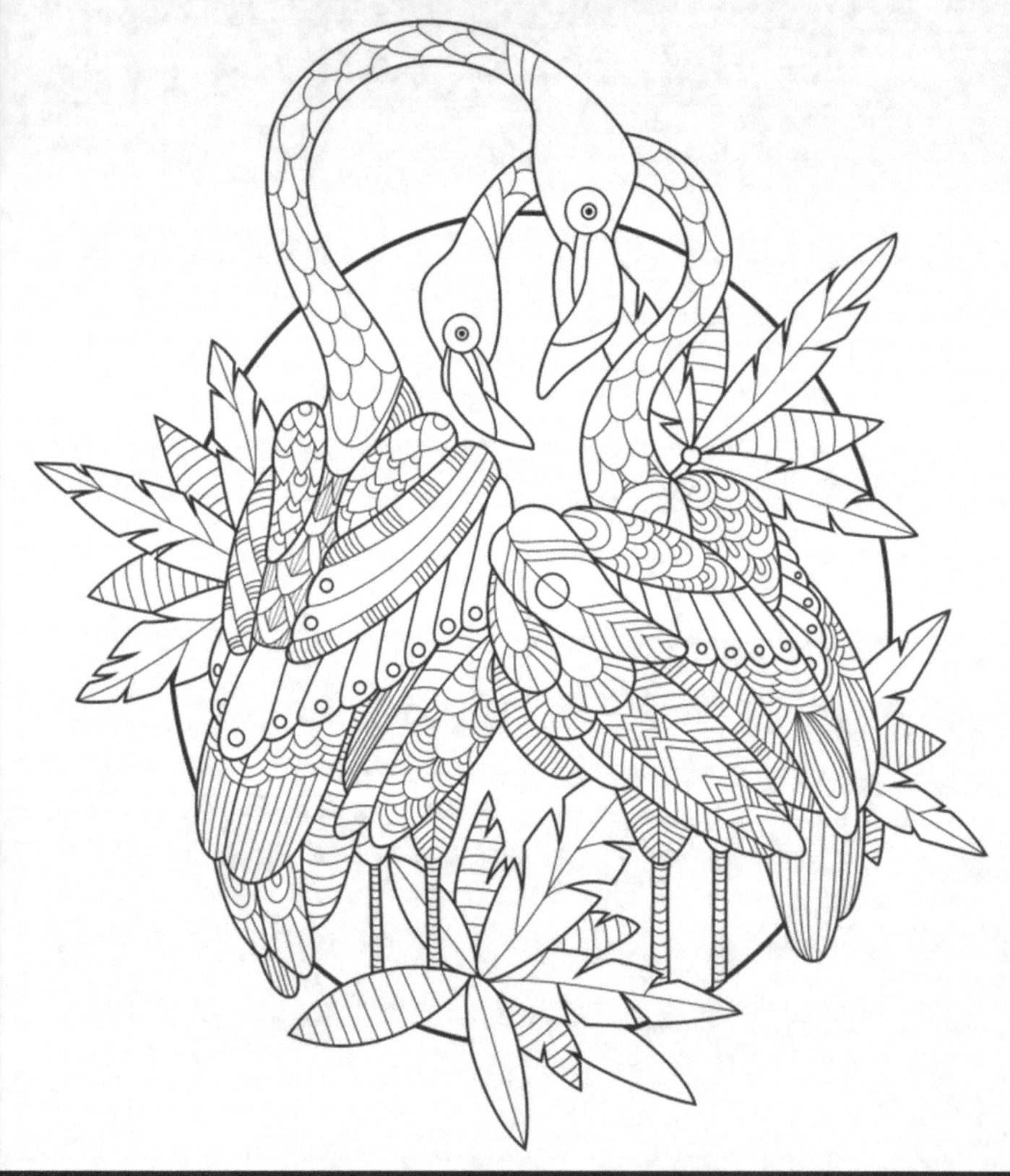

Couleur Ce Flamant

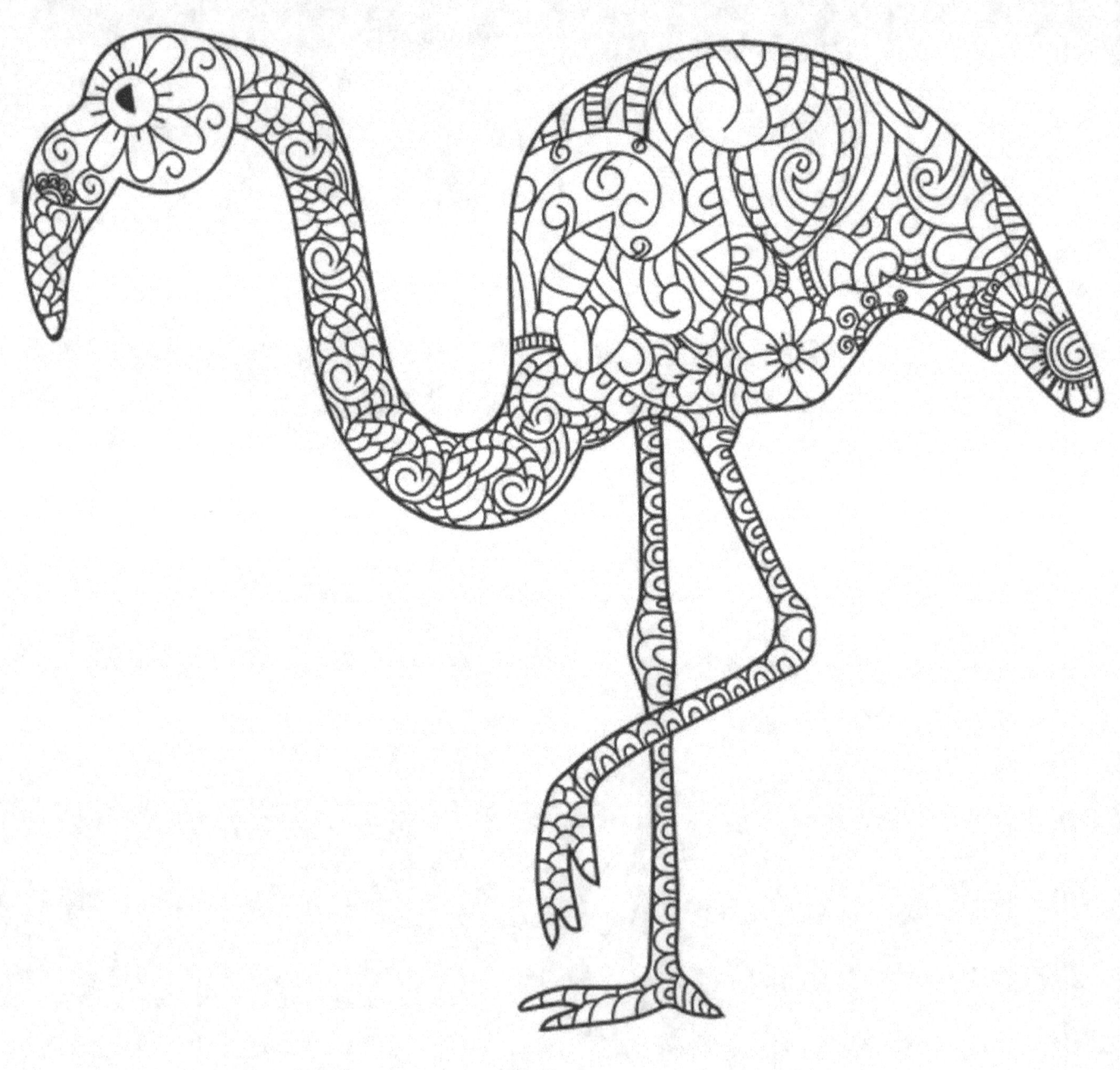

Couleur Ce Flamant

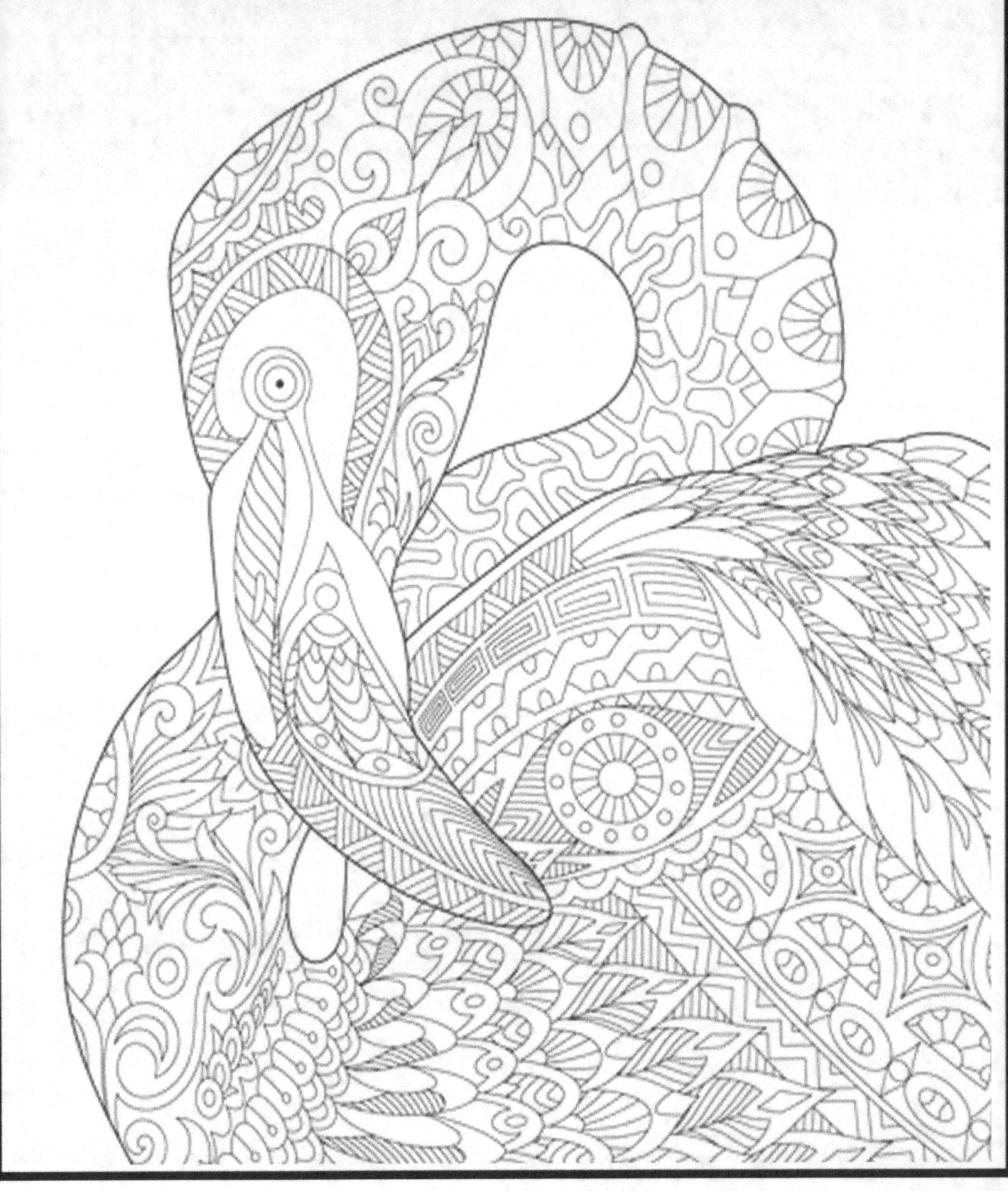

Couleur Ce Flamant

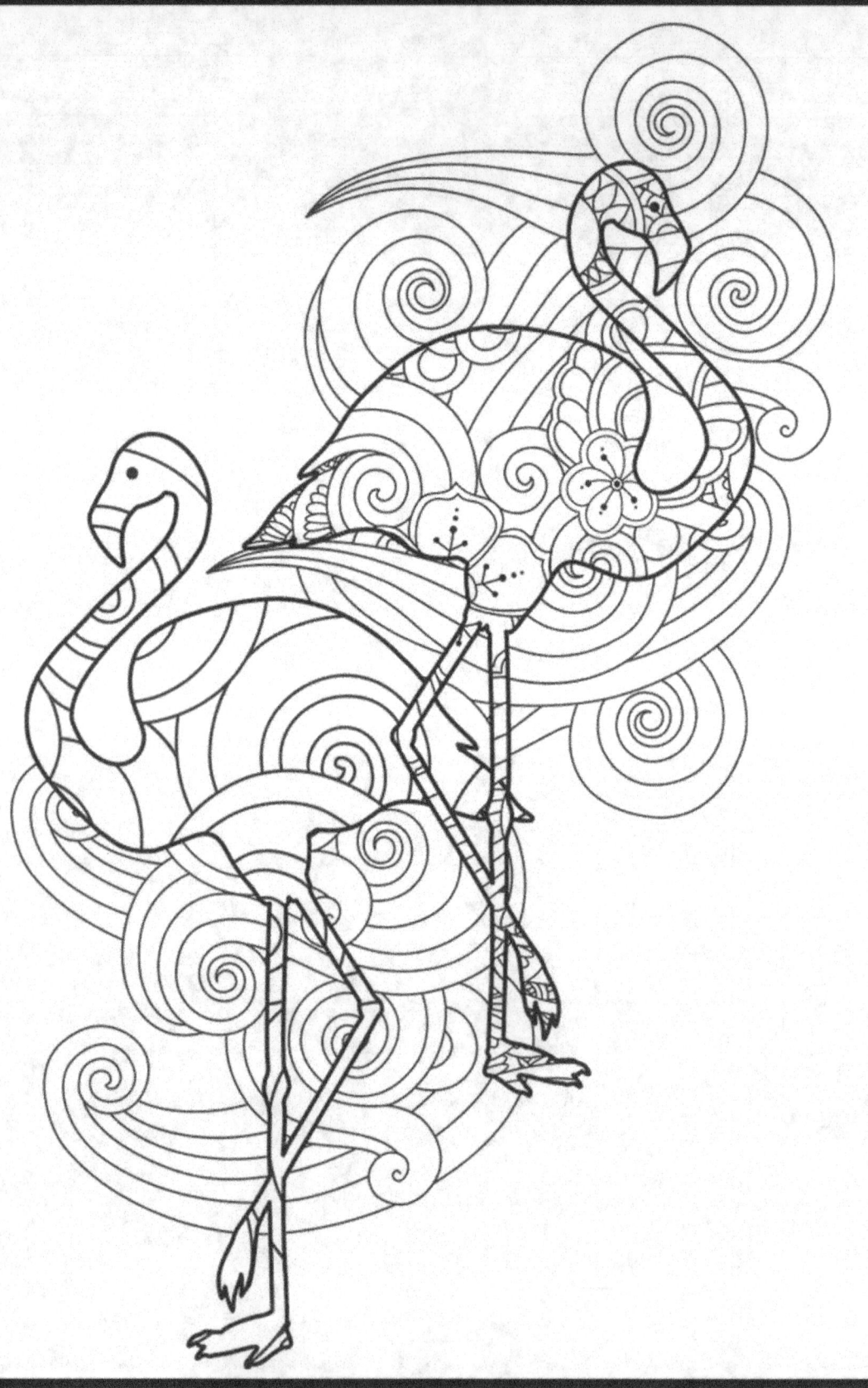

Couleur Ce Flamant

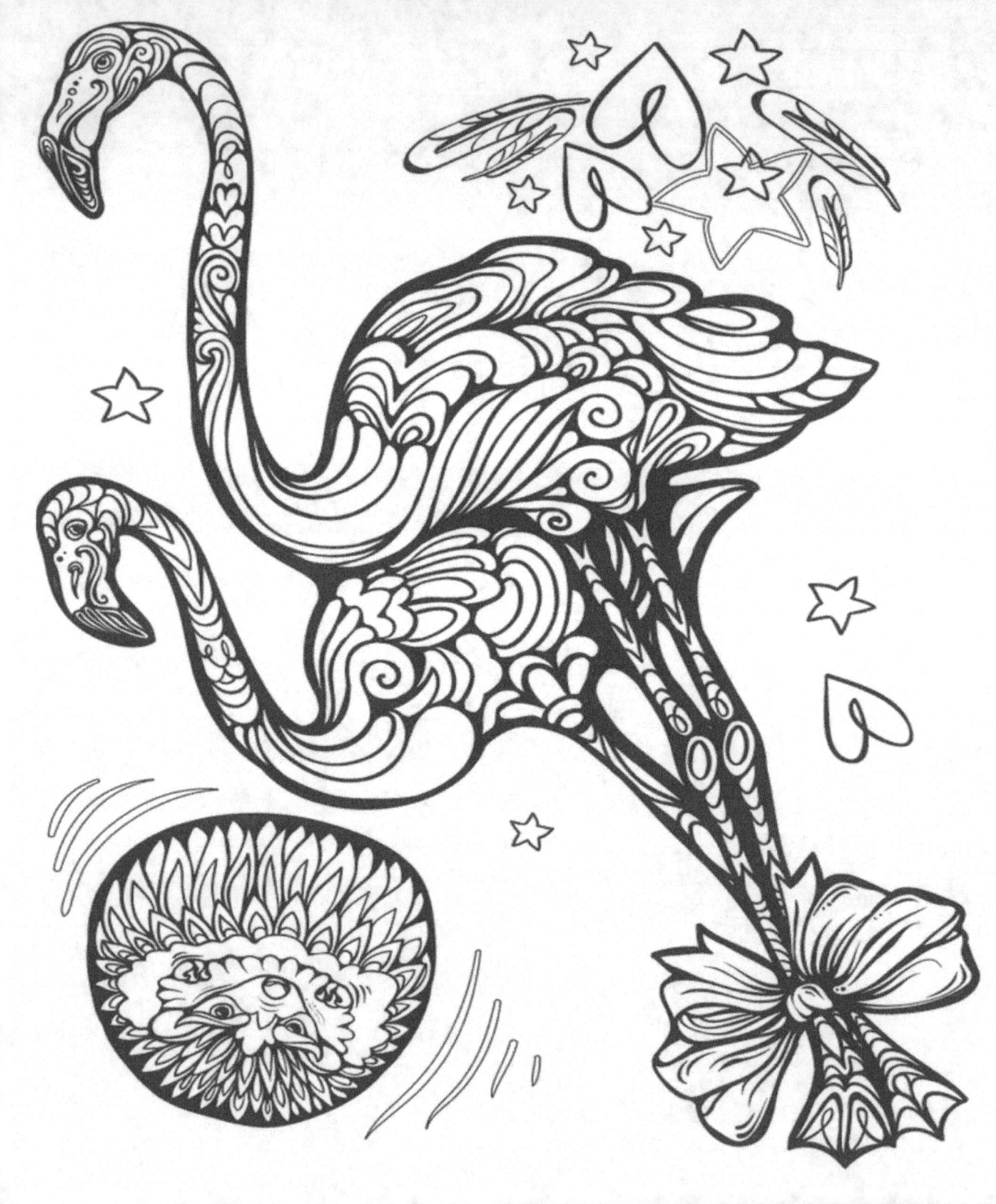

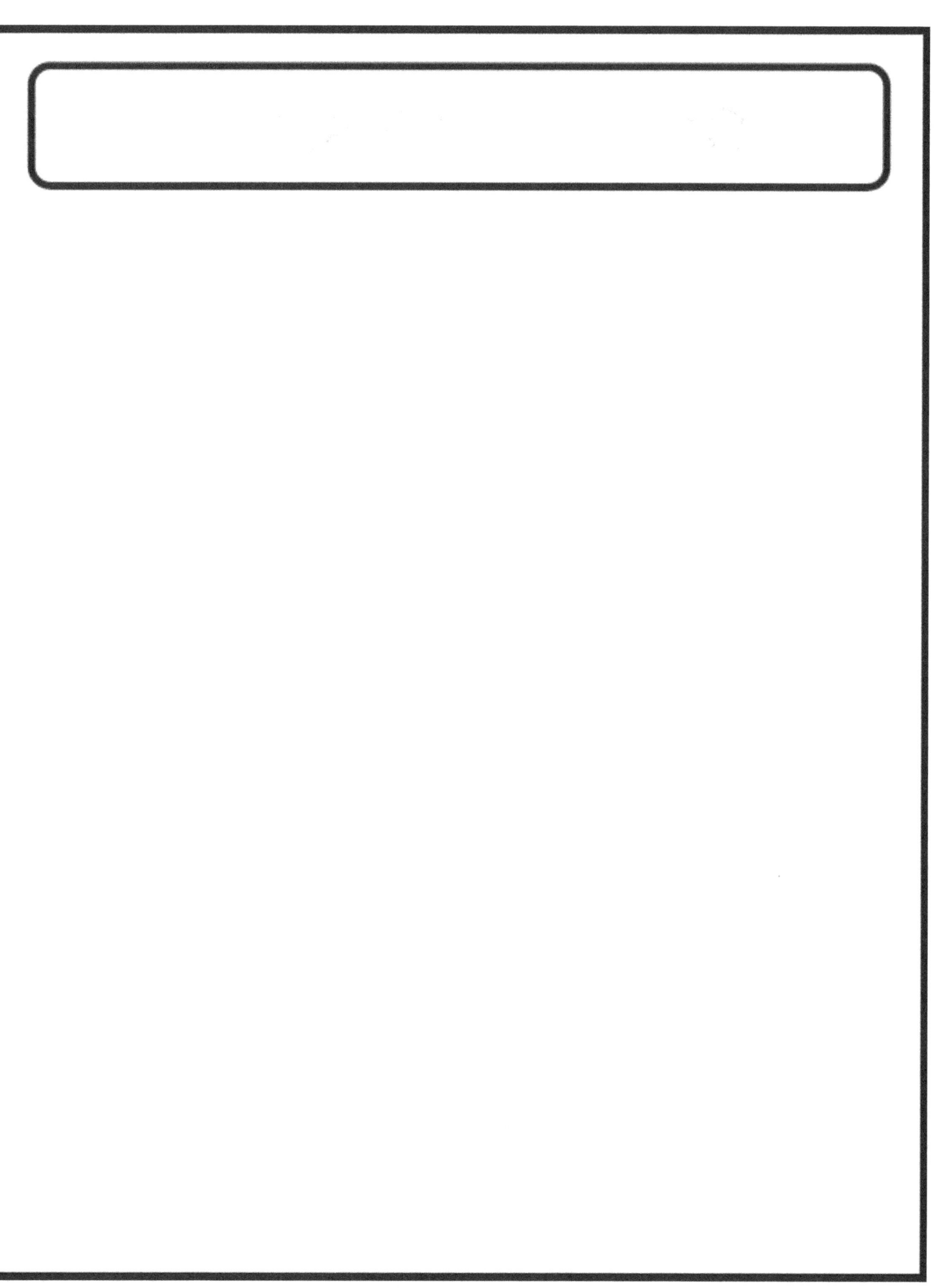

Couleur Ce Flamant

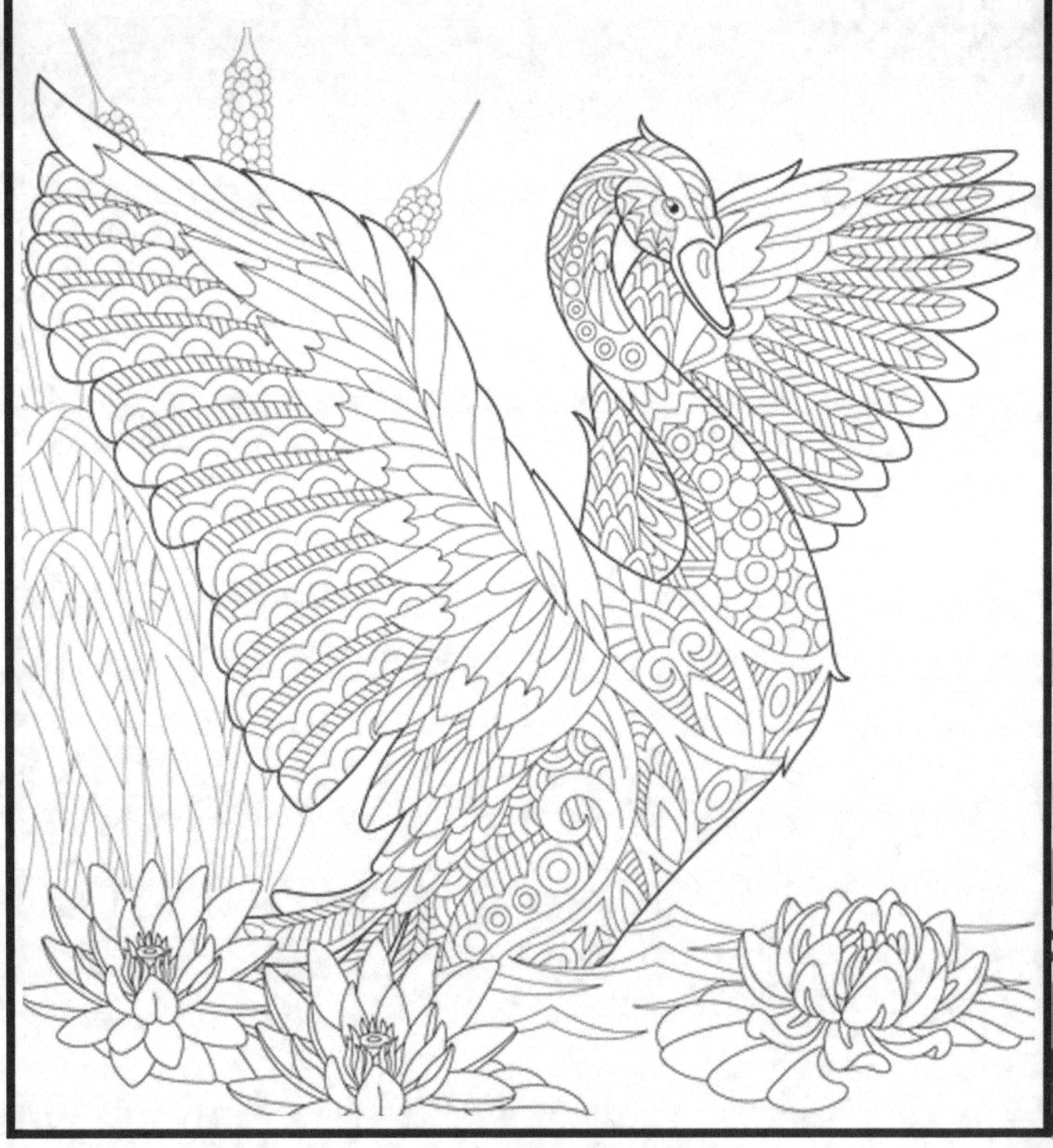

Couleur Ce Flamant

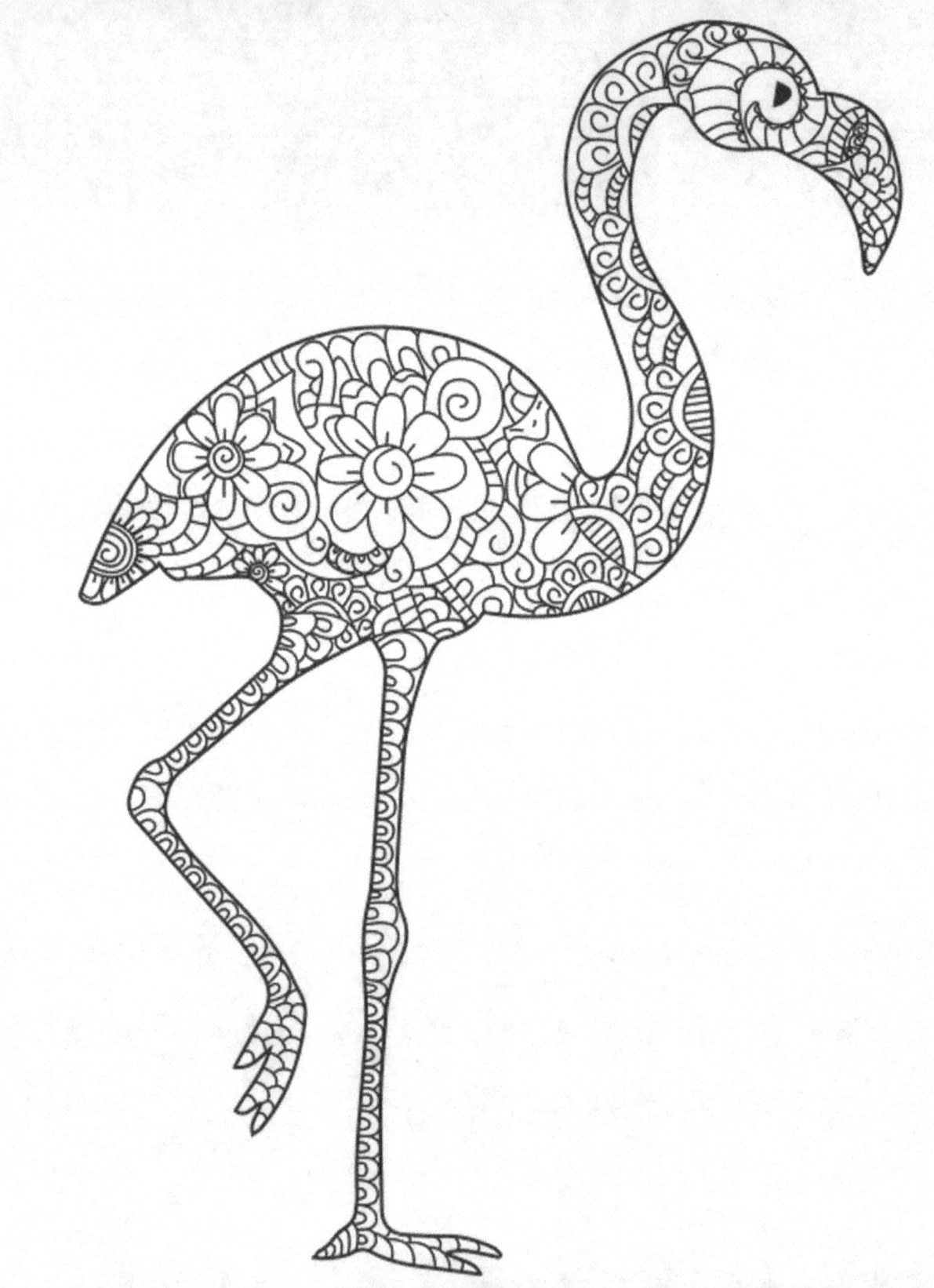

Couleur Ce Flamant

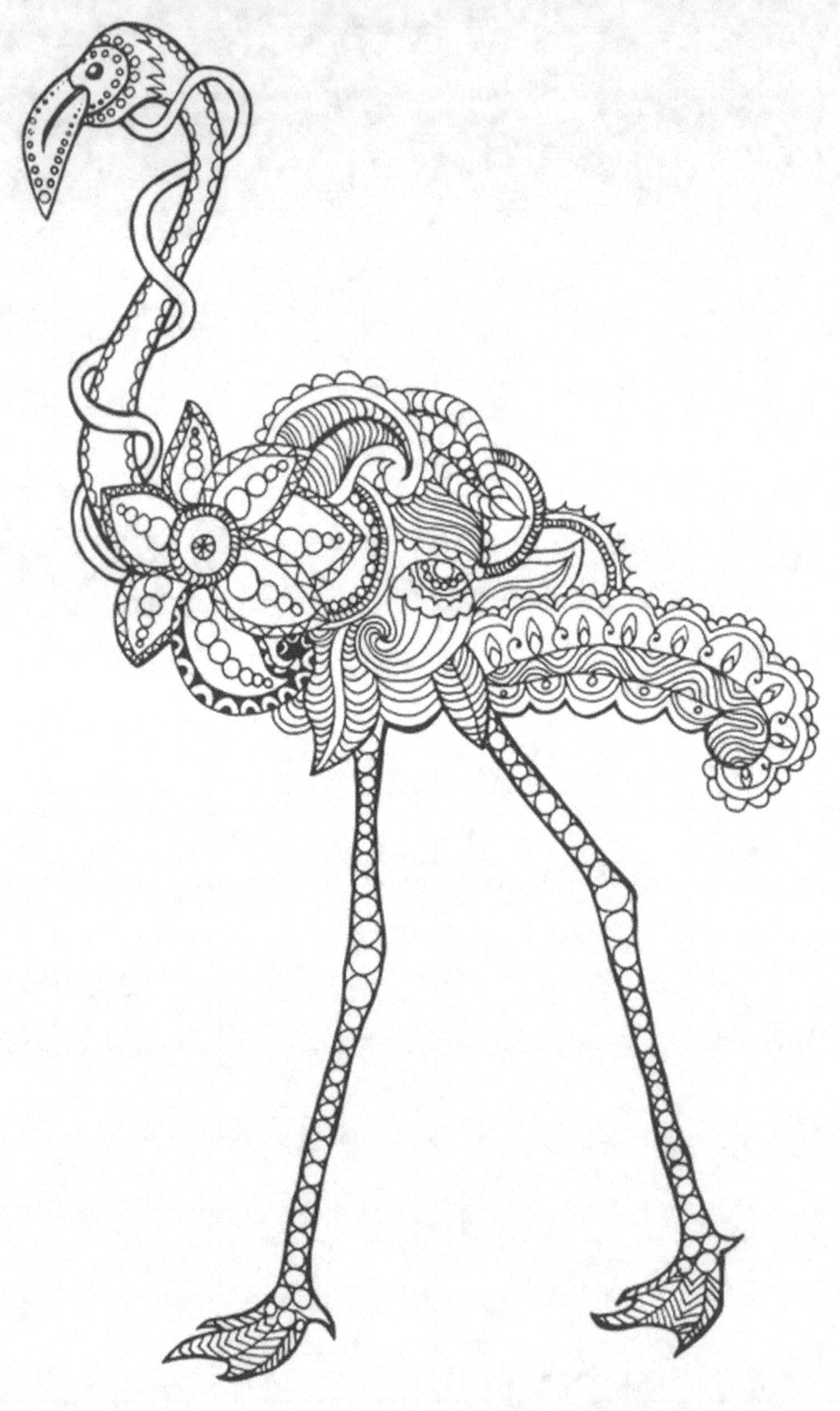

Couleur Ce Flamant

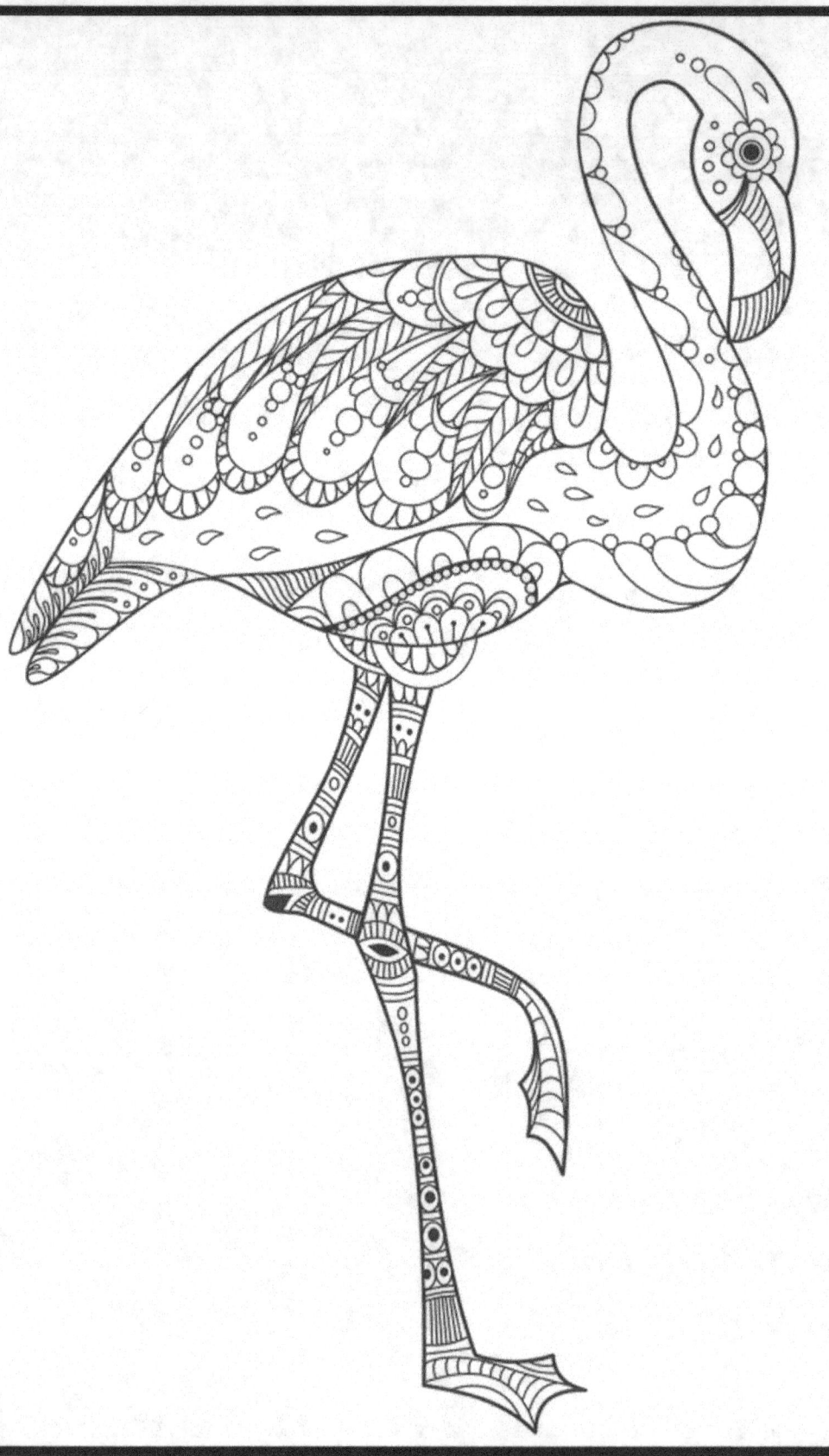

Couleur Ce Flamant

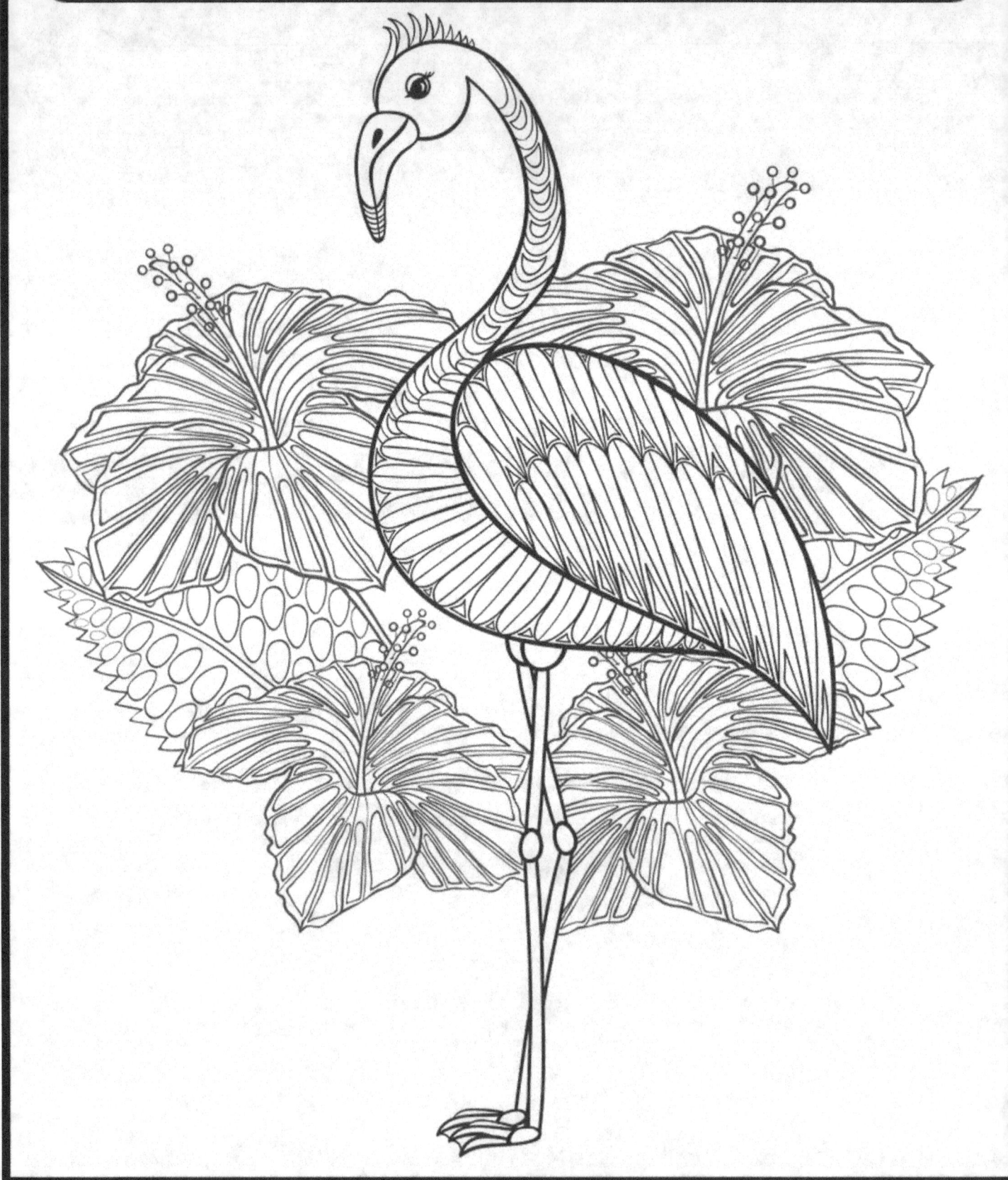

Couleur Ce Flamant

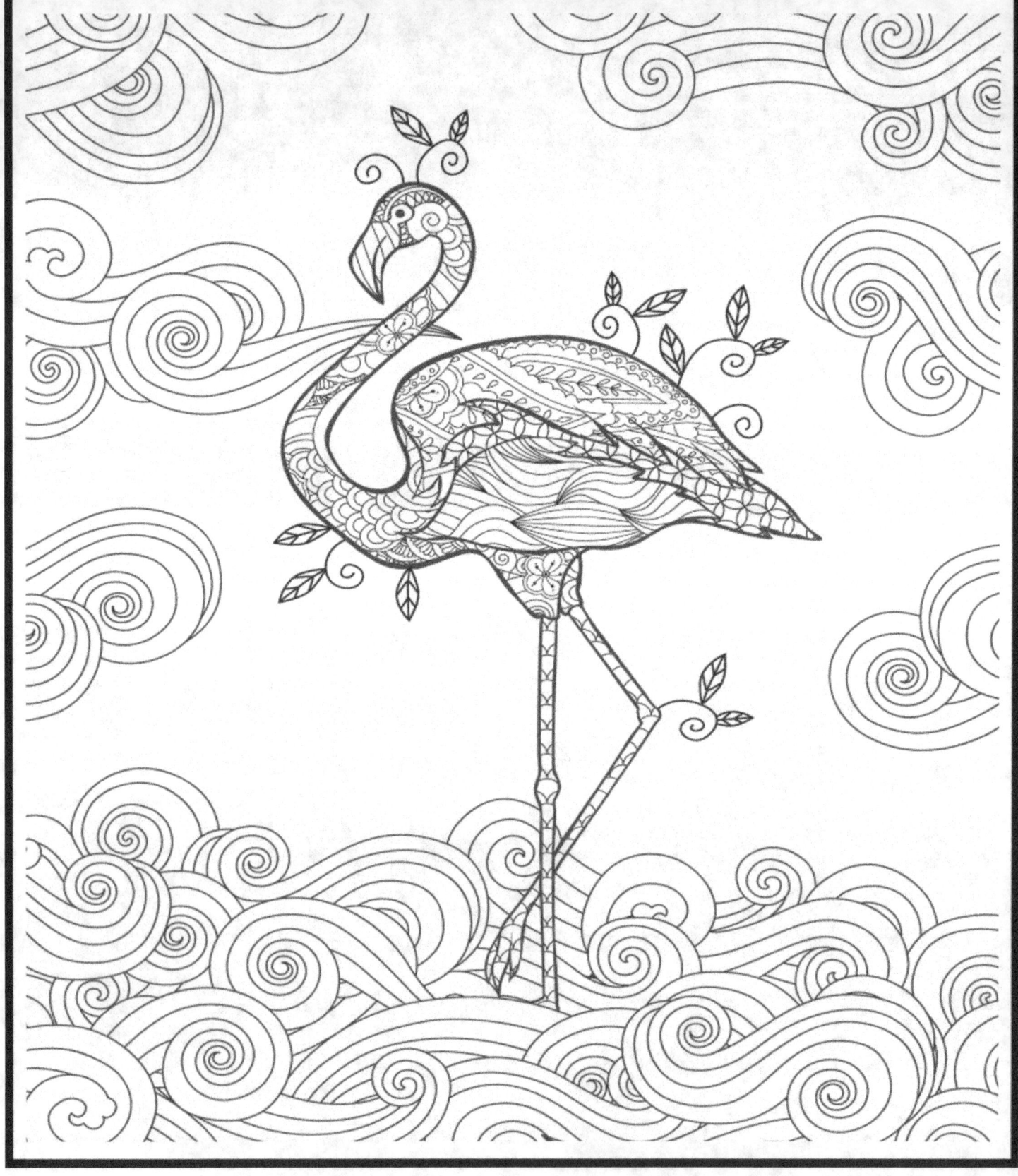

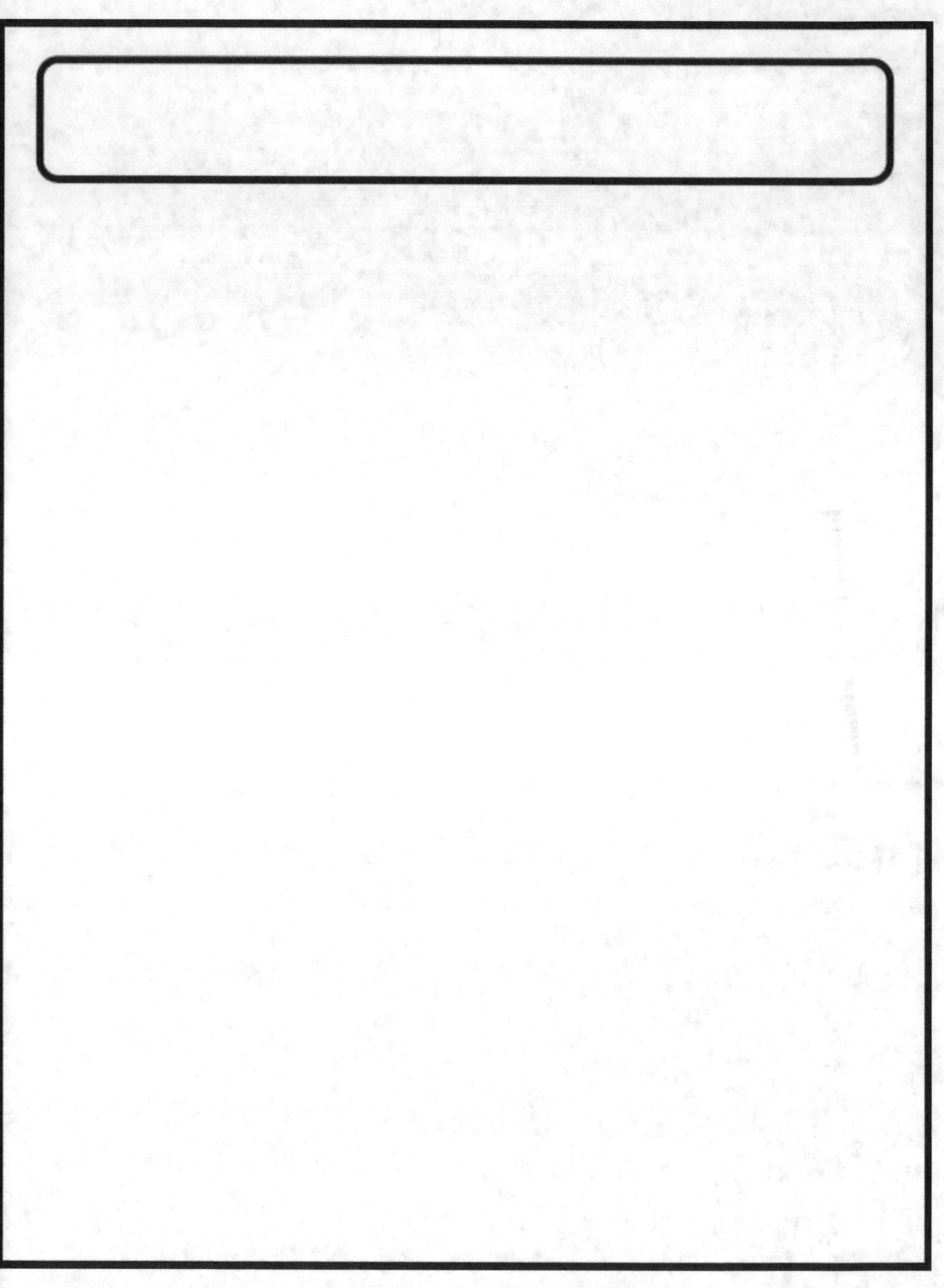

www.ingramcontent.com/pod-product-compliance
Lightning Source LLC
Chambersburg PA
CBHW080531220526
45465CB00006B/2670